Walter de Gray Birch

Fasti Monastici Aevi Saxonic

Or, An alphabetical List of the religious Houses in England previous to the Norman Conquest

Walter de Gray Birch

Fasti Monastici Aevi Saxonic
Or, An alphabetical List of the religious Houses in England previous to the Norman Conquest

ISBN/EAN: 9783337131098

Printed in Europe, USA, Canada, Australia, Japan

Cover: Foto ©ninafisch / pixelio.de

More available books at **www.hansebooks.com**

FASTI MONASTICI AEVI SAXONICI:

OR

List of Heads of Religious Houses in England

PREVIOUS TO THE NORMAN CONQUEST.

PUBLISHED UNDER THE DIRECTION

OF THE

ROYAL SOCIETY OF LITERATURE.

FASTI MONASTICI AEVI SAXONICI:

OR

AN ALPHABETICAL LIST OF THE

Heads of Religious Houses in England

PREVIOUS TO THE NORMAN CONQUEST,

TO WHICH IS PREFIXED

A Chronological Catalogue of Contemporary Foundations.

BY

WALTER DE GRAY BIRCH.

LONDON:
TRÜBNER AND CO., 60, PATERNOSTER ROW.
1873.

PRINTED BY TAYLOR AND CO.,
LITTLE QUEEN STREET, LINCOLN'S INN FIELDS.

Preface.

THOSE who are in the habit of turning over the leaves of Kemble's 'Codex Diplomaticus,' Dugdale's 'Monasticon Anglicanum,' and similar works, during their researches into the early monastic history and literature of England, cannot fail to lament the want of indexes for names of persons, which have been omitted in every work. It occurred to me therefore in the first instance to compile for my own use a comprehensive list of the Heads of Religious Houses in England and Wales during the Saxon period, intending at some future opportunity to prepare similar lists of the other dignitaries who occupy a place in these books. I found this when completed so useful, that in the hope of others who are engaged in kindred pursuits deriving some benefit from it, I here present it with a preliminary chronological list of nearly three hundred Religious Houses established in England and Wales previous to the Norman Conquest, at the same time interpolating among the names additional references to other sources, printed and manuscript, which contain notices of such individuals as come within the scope of my task, and have great pleasure in laying the result before the Council of the Royal Society of Literature.

The list as it now stands forms a complete index to the ten valuable works mentioned in the subjoined List of Authorities at pages 14, 15, as far as concerns heads of monasteries,—presenting at one view the name (with orthographical variants), the title, the house presided over, the date and reference of every personage of the class and period above mentioned. A curious instance of the use of this list will be found in the note at page 28. The total number of separate entries amounts to several thousands.

It would have been superfluous for me to add a secondary series of references. Those I have given are in almost every case the only ones which point directly to original sources, and consequently the only available ones for the plan I proposed to myself. It will be noticed that I appear to have occasionally deviated more or less from strict alphabetical sequence; but this has been unavoidable, as I wished, by a particular but simple method of grouping similar names, to indicate the possibility, but by no means to assert the positive fact, of their relation to identical personages. It is well known that great allowances must be made for dialectic variation and the caprices of authors and scribes at such an unsettled period. The great number of later copies of such early documents as those contained in the works tabulated, exhibit numerous variations in the orthography of proper names; and to have introduced these in every case would have swelled the size of the present work far beyond reasonable limits, while no corresponding advantage would have been gained. As it is, in the orthography of even contemporary documents a very wide diversity will be found to exist; for instance, on pages 22–25, upwards of fifteen variants of the true Saxon forms Ælfsige or Æðelsige present themselves. It would have been impossible to bring before the eye the fact that Dugdale's Egelsine, abbot of St. Augustine's, Canterbury, was identical with Æðelsige of the 'Anglo-Saxon Chronicle,' if I had tied myself down to strict adherence to the alphabetical system, as these names would have appeared in different portions of the List.

As an instance of the occurrence of numerous forms representing the name of one personage, the reader may select the names of an abbot of Newminster, who occupied the dignity from 1034 to 1057. They are given in the 'Liber de Hyda,' lately published under the direction of the Master of the Rolls, as follows:—Elfwin or Elfwy, Alwy, Ælfwin, Ælfwig, Alwin, Alwinus. I am, on the other hand, quite prepared to admit, nay rather to state, for example, that Ælfsi, abbot of Medeshamstede in 992, was never known by the standard form of his name, Æðelsige; but the variant forms which occur in the vicinity of this name on page 22 may refer to him, and this possibility I leave to others to determine. My object then is attained in laying before the student of Monastic Chronology an alphabetical series of names, of which certain groups are, however, subject to a subordinate chronological arrangement when by their evident similarity, they can be referred to a standard form occurring more or less frequently. For a large proportion of such names probably indicate the same individual personage. By this method, too, one is enabled to trace the gradual transition and elimination of single letters and final syllables.

In conclusion, I will venture to hope that the errors unavoidable in the preparation of such a work for the first time, and without a pioneer, will not be found so numerous as to mar its usefulness; and I shall thankfully receive any suggestions for improvement or alteration.

WALTER DE GRAY BIRCH.

25, *South Hill Park, N.W.*

CHRONOLOGICAL LIST

OF

Religious Houses in England and Wales before the Conquest.

Name.	County.	Order.	Ascribed Date of Foundation
Glastonbury	Somerset		A.D. 31 (*Tanner*). 63 (*Dugdale*).
		Monks under St. Patrick	435; refounded 688 (*Fl. Worc.*).
		Benedictines under St. Dunstan	984.
Winchester	Hants.	Monks of St. Mark	169. destroyed in 266; restored 300—*c.* 500.
Bancornaburgh, or Bangor	Flint	Monastery	*temp.* St. Patrick and St. Augustine; destroyed early 7th cent., *c.* 613.
Man	I. of Man	Episcopal see	*c.* 360, or rather 447.
Holyhead	Anglesea	Monastery	*c.* 380.
Menevia, or St. David's	Pembr.	Monastery	*c.* 470.
(*Unknown site*)	Glamorgan	Monks or Canons	*c.* 474.
Ramsey	Pembr.	Monks	before 186.
Gloucester	Glouc.	Episcopal see	before 490—*c.* 570.
Llancarvan	Glamorgan	Monastery	*c.* 500.
Bangor	Flint	Episcopal see	early 6th century.

B

CHRONOLOGICAL LIST OF RELIGIOUS HOUSES.

Name.	County.	Order.	Ascribed Date of Foundation.
Amesbury	Wilts.	British monastery, Nunnery	destr. in 6th cent. restored c. A.D. 980.
Llanwet, St. Benedict's	Cornw.	Monastery	508.
Bachannis, St. Piro's	Carmarth.	Abbey	c. 513.
Bardsey, or Insula Sanctorum	Carnarvon	? Abbey	before 516.
Vallis Rosina	Pembr.	Monks	after 519.
Padstow, or St. Petroc's	Cornw.	Monastery	c. 520.
Llandaff	Glamorgan	Episcopal see	522.
Mauritanea, or St. Paternus	Cardigan	Episcopal see and monastery	c. 550.
St. Asaph's	Flint	Episcopal see and monastery	middle of 6th cent.
Bangor, or Banchor	Carn.	Monastery	middle of 6th cent.
Llanbadarn faur	Cardigan	Episcopal see and monastery	middle of 6th cent.
Rochester	Kent	Episcopal see and secular priests	c. 600.
Canterbury, Christ Church or Holy Trinity	Kent	Benedictines Seculars	c. 600–829. 830–1003; [1011. destroyed by Danes,
Malmesbury	Wilts.	Nunnery Abbey Seculars Benedictines	603. c. 675. 950–970. 970.
Canterbury, St. Augustine's	Kent	Benedictines	605.
Westminster	Midd.	Abbey Benedictines Rebuilding in	c. 610. 958. 1049.
St. German's	Cornw.	Collegiate; priory; Episc. see; Seculars become Regulars in	614. 1050.
Tinmouth (Tunnacaestir)	Northumb.	Benedictine monastery Refounded in	617 × 633 (*Dugd.*); beginning of 8th century (*Tann.*). 671 × 685. destr. by Danes 8th, 9th, and 10th cent.
Icanhoe	Linc.	Monastery	624–870 (654, *Tann.*).

CHRONOLOGICAL LIST OF RELIGIOUS HOUSES. 3

Name.	County.	Order.	Ascribed Date of Foundation.
York	York	Episcopal see	A.D. 627; burnt in 741 and 1069.
Bury St. Edmund's	Suff.	Monastery	630 or 633.
		Seculars	925-1020.
		Benedictines	1020.
Folkestone	Kent	Nunnery	c. 630; dest. bef. 927.
Ithancester	Essex	Monastery	c. 630.
Cnobbersburgh, or Burgh Castle	Suff.	Monastery	630 (*Tann.*); 637(*Dugd.*)
Dunwich, or Domnuc	Suff.	Episcopal see	630
		Monks	in 10th century.
Soham	Cambr.	Episcopal see and monastery	c. 630; destr. 870.
Southwell	Nott.	Collegiate church	c. 630.
Liming	Kent	Nunnery; abbey	c. 633; destr. after 964.
Dorchester	Oxford	Episcopal see and secular canons	c. 635.
Lincoln	Linc.	Episcopal see	635.
Lindisfarne	Northumb.	Episcopal see and abbey	635, 793, 870.
"In Brige"	....	Monastery	before 640.
Hartlepoole, or Heorthu[1]	Durh.	Nunnery	c. 640.
Dover	Kent	Secular canons	before 640-696.
Winchester (*cathedr.*)	Hants.	Benedictines	c. 646-867.
		Seculars	868-963.
		Benedictines again	963.
Lastingham, or Lestingham	York	Abbey	648.
		Benedictines	before 664; destroyed by Danes, c. 870.
Caistor, or Dormanchester	Northamp.	Monastery under an abbess	middle of 7th century; destr. 1010.
East Dereham	Norf.	Benedict. monks	c. 650.
Clywd Valley	Denbigh	Monastery	7th century.
Partenay, or Peartan	Linc.	Monastery	7th century.
St. Bee's	Cumb.	Benedictines	c. 650.
Barrowe, or Ætbarwe	Linc.	Monastery	middle of 7th century.
Canterbury, St. Mildred's	Kent	Abbey	"early Saxon times."

[1] *Cf.* Heruteu, p. 4.

CHRONOLOGICAL LIST OF RELIGIOUS HOUSES.

Name.	County.	Order.	Ascribed Date of Foundation.
Bedanford, or Bedford	Bedf.	Monastery	"early Saxon times."
Peterborough, or Medeshamstede	Northamp.	Abbey	A.D. 650 or 655; destr. 870, refounded 970.
Dacor	Cumb.	Monastery	mentioned by Bede.
Farne	Northumb.	Benedict. cell	before 651.
Chich	Essex	Nunnery	before 653.
Gateshead	Durham	Monastery	before 653.
Lichfield	Staff.	Episcopal see	656.
		Archiepisc. see	789.
Heruteu (*Beda* ?= Hartlepoole)		Monastery under abbess	before 657.
Whitby, Presteby, or Streneshalch	York	Monast. of monks and nuns under an abbess	[867. c. 657; destr. by Danes,
Stamford	Linc.	Benedic. priory	c. 658; destr. by Danes.
Gilling, Ingetlingum, or Gethling	York	Monastery	before 659; destroyed by Danes.
Ebbchester	Durham	Monastery	before 660.
Hreopandune, Repton, or Repingdon	Derby	Monast. of monks and nuns under an abbess	[by Danes. before 660; destroyed
Gloucester, St. Oswald's	Glouc.	Monastery	c. 660.
		Seculars	909.
Ripon, Inrhypum, Hripensis Ecclesia, or Ad Ripam	York	Monastery	[restored. before 661; burnt 950
Ancarig, or Thorney	Cambr.	Hermitage	662-870.
		Benedictines	972.
Vegnalech, or Womalet	Northumb.	Monastery	before 664.
Chertsey	Surrey	Abbey	c. 666; destr. by Danes ref. by Edgar.
"Hludense," or ? Louth	? Mercia	"Monasterium"	667 (*Sim. Dunelm.*).
Reculver	Kent	Benedictines	669; removed c. 949; deans occur c. 1030.
Chester	Cheshire	Nunnery	c. 670.
Stone	Staff.	Secular canons	670.
Thanet, or Minster	Kent	Nunnery	c. 670 by Domneva; destr. by Danes, 980, 1011.
		Secular priests	1011-1027.

CHRONOLOGICAL LIST OF RELIGIOUS HOUSES. 5

Name.	County.	Order.	Ascribed Date of Foundation.
Ebfleet, or? Ebbsfleet	Kent	Nunnery	*temp.* Domneva.
Sherbourne	Dorset	Abbey	before A.D. 671.
		Episcopal see and secular canons	c. 705.
		Benedict. monks	998.
North Elmham, or Helmham	Norfolk	Episcopal see	673–870; 950–1075.
Coldingham (Coludi urbs)	Berwick	Priory for monks and nuns	bef.673; destr. by Danes.
Eastry	Kent	Monastery	before 673.
Ely	Cambr.	Benedictine nunnery	673–870.
		Seculars	until 970.
		Benedictine abbey of monks	970.
East Dereham	Norf.	Nunnery	after 673; destr. c. 974.
Hexham	Northumb.	Monastery	674; destr. by Danes.
Hackness, or Hacanos	York	Monastery, mks.	674.
Weremouth	Durham	Benedictines	674; destr. by Danes, 793 and 867.
Abingdon	Berks.		675, 688, 955.
Shepey	Kent	Nunnery	c. 675; destr. by Danes.
Barking, or Bedenham	Essex	Nunnery	675; destr. 870; refounded *temp.* Edgar.
Bath	Somers.	Nunnery	676.
		Secular canons	775.
		Benedictine mks.	970.
Tetbury, or Tettan monasterium	Glouc.	Monastery	before 680.
Gloucester, St. Peter's	Glouc.	Bened. abbey of mks. and nuns und. an abbess	680, c. 773.
		Seculars	823–1022.
		Abbey	1058.
Handbury, or Hehanburge[1]	Staff.	Nunnery	c. 680; deserted 875.
Hereford	Hereford	Episcopal see	680; cathedr. built 825.
Selsey	Sussex	Episcopal see	680 or 681.
		Monastery	711.
Wedon	Northt.	Nunnery	680.
Redbridge	Hants.	Monastery	c. 680.
Wenlock	Salop	Nunnery	680.

[1] *Cf.* Hehanbiri, p. 8.

CHRONOLOGICAL LIST OF RELIGIOUS HOUSES.

Name.	County.	Order.	Ascribed Date of Foundation
Worcester	Worc.	Episcopal see and secular clerks . Prior and monks	*c.* A.D. 680. before 964.
Boseham, or Bosanham	Sussex	Monastery	before 681.
Tricengham	Staff.	Nunnery	before 683.
Coquet	Northumb.	Benedictines	*c.* 680, or 684.
Jarrow, *al.* Ingyruum	Durham	Benedictines	*c.* 682 or 684.
Crayke	York	Monastery	685, occurs in 885.
Carlisle	Cumb.	Monks and nuns	686.
Vetadun, or Watton	York	Nunnery	occurs 686.
Malling	Kent	Nunnery	688.
Chester, St. John's	Ches.	College	*c.* 689, or rather 906.
Pershore	Worc.	Seculars Benedict. monks	689. 972 or 984.
Bricclesworth	Northt.	Abbey	before 690; destr. 870.
Bredon	Northt.	Abbey	before 690; charter of privileges, 844; destr. 870.
Wermundesey, *al.* Vermundesei	Northt.	Abbey	before 690; destr. 870.
Repingas	Northt.	Abbey	before 690; destr. 870.
Woccingas, *al.* Wocchingas	Northt.	Abbey	before 690; destr. 870.
Adestancester	Devon		*c.* 690.
Exeter	Devon	Monks and nuns	*c.* 690.
Helenstow	Berks.	Nunnery	*c.* 690-780.
Fladbury, or Fledanbyrig	Worc.	"Religious"	691.
Upmynstre	Kent	Monastery, with an abbess	occ. 696-716 (*Haddan and Stubbs,* 'Concilia,' iii. 240).
Southmynstre	Kent	Monastery, with an abbess	occ. 696-716.
Hoe	Kent	Monastery, with an abbess	occ. 696-716.
Bardney	Linc.	Monastery	before 697; destr. 870.
Bradanfield	Berks.	Monastery	before 699.
Beverley	York	(I.) Monks; (II.) Seculars; and (III.) Nuns	780-866; rest. 928.
London, St. Martin-le-grand	Midd.	Collegiate	700; 1056.

CHRONOLOGICAL LIST OF RELIGIOUS HOUSES. 7

Name.	County.	Order.	Ascribed Date of Foundation.
Evesham	Worc.	(I.) Benedic. mks.	A.D. 701.
		Secular canons.	941-960.
		(II.) Benedic.mks.	960-977.
		(III.) Bened.mks.	1114.
Stratford	Warw.	Monastery	occ. 703, 845, 872.
Wells	Somers.	Episcopal see and Collegiate Church	704, or 709, or 909.
		Secular canons.	1059.
Wimbourne	Dorset	Nunnery	before 705 (*Tann.*), 713 (*Dugd.*)
Bradanford, or Bradford	Wilts.	Monastery	705; given to Shaftesbury, 1001.
Froome	Somers.	Monastery	705.
Oundle	Northt.	Monastery	before 709.
Nursling	Wessex	Monastery	before 710.
Congresbury	Somers.	Episcopal see. College of canons	167 (*Glastonb. Chron.*) c. 711.
Peykirk	Northt.	Monastery	714-870; destr. again in 1013; suppressed 1048.
Deerhurst	Glouc.	Monastery	715, destr., but refounded 980-1056.
Tewkesbury	Glouc.	Monastery	715.
		Priory	980.
Bredon	Worc.	Abbey	bef. 716 until after 841.
Croyland	Linc.	Benedict. monks.	716-870; rest. 948.
Daeglesford, or Deilesford	Glouc.	Monastery	718—*temp.* Beorhtwulf of Mercia.
Tisselbury	Wilts.	Abbey	before 720.
Oxford, St. Frideswide's, or Christ Church	Oxford	Nunnery	[Danes. 727, or 730; destr. by
		Secular canons.	1004.
Elmete	York	Monastery	c. 730.
Kidderminster	Worc.	Monastery	736.
Ferring	Sussex	Monastery	*temp.* Offa of Mercia (755-796).
Bitumæum, or Ad Tueoneam	Wilts.	Monastery	c. 770.
Wilton, or Ellandune	Wilts.	Seculars	c. 773.
		Benedictine nunnery under a prioress	800.
		Under an abbess	871.

CHRONOLOGICAL LIST OF RELIGIOUS HOUSES.

Name.	County.	Order.	Ascribed Date of Foundation.
Winchelcombe	Glouc.	Nunnery	A.D. 787.
		Abbey	798.
		Seculars	before 985.
Clive, or Wendlesclive	Glouc.	Monastery	c. 790–888.
St. Alban's	Herts.	Benedictines	793.
Kemesey	Worc.	Monastery	799.
Shrewsbury, St. Alchmund's	Salop	Collegiate church	before 800.
Bedingham, or Readingham	Sussex	Monastery	beginning of 9th cent.
Pollesworth	Warw.	Nunnery	beginning of 9th cent.
Streneshall	Staff.	Monastery under an abbess	beginning of 9th cent.
Hulme, St. Benedict's	Norf.	Benedict. Abbey	800–870; bef. 1020.
Beccanford	Glouc.	Monastery	before 803.
Cheltenham	Glouc.	Monastery	803.
Westbury	Glouc.	Monastery	before 824; 983; 1093.
Berkley	Glouc.	Monastery	? c. 824.
Hehanbiri, or Hambury	Worc.	Monastery	c. 833.
Bloccanlegh, or Blockley	Worc.	Monastery	before 855.
Exeter	Devon	Monks	868.
Boxwell	Glouc.	Nunnery	?; destr. by Danes.
Horningsey	Cambr.	Monastery	destr. 870.
Chester, St. Werburgh's	Ches.	Nunnery	before 875.
Oxford University	Oxford	Collegiate	temp. Alfred.
Banwell	Somers.	Monastery	temp. Alfred.
Lewesham	Kent	Alien Benedictine cell	temp. Alfred.
Wareham	Dorset	Nunnery	before 876, when destr. (occurs 990, 982).
Chester-le-Street	Durham	Episcopal see and secular canons	883–995.
Shaftesbury	Dorset	Benedictine Abbey for nuns	c. 888, temp. Alfred.
Athelney	Somers.	Abbey for monks	c. 888.
St. Neot's, Nyott, or Neotstoke	Cornw.	Monastery or College of priests	early 9th century.
Newminster, or Hyde	Hants.	Secular canons	901–963.
		Abbey of monks	963.

CHRONOLOGICAL LIST OF RELIGIOUS HOUSES.

Name.	County.	Order.	Ascribed Date of Foundation.
Crediton	Devon	Episc. see	c. A.D. 905–1050.
Ramsbury	Wilts	Episc. see (no clerics)	905, or 909–1060.
Winchester	Hants.	Episc. see	905.
		Nunnery	936.
Sunning	Berks.	Episc. see	905–c. 1060.
Gloucester, St. Oswald's	Glouc.	Austin canons	909.
Salisbury	Wilts.	Episc. see	after 909.
Runcorn	Ches.	Monastery	temp. Elfleda of Mercia.
Brimesburgh, or Brunesburgh	Ches.	Monastery	c. 912.
Pilton	Devon	Benedict. priory	temp. Æthelstan.
Tamworth	Staff.	Monastery under an abbess	after 914.
Bodmin, or Bosmanna	Cornw.	Episc. see	905.
		Benedictine monastery	c. 926–981.
Exeter	Devon	Monastery	932; 968–1003; 1019–1050.
		Secular canons	1050.
Axminster	Devon	Collegiate	temp. Æthelstan.
St. Burian's	Cornw.	Collegiate	temp. Æthelstan.
Middleton	Dors.	Benedict. abbey	c. 933.
St. German's	Cornw.	Collegiate	before 936.
Michelney	Somers.	Benedict. abbey	939.
Winchester, St. Brinstan's	Hants.	Hospital	before 935.
Dublin	Dub.	Monastery	948; founded by Danes.
Mendham	Suff.		c. 950.
Stoke	Suff.	Monastery	middle of 10th cent.
Tavistock	Devon	Benedict. abbey	961.
Rumsey	Hants.	Benedict. nunnery	967.
Ramsey	Hunt.	Benedict. abbey	969.
Horton	Dors.	Benedictines	before 970.
Bath	Somers.	Benedictines	970.
Sudbury, St. Gregory's	Suff.	Collegiate	c. 970.
Huntingdon	Hunt.	Priory of Black canons	before 973.
St. Neots, or Eynesbury	Hunt.	Benedict. priory	c. 974; destr. by Danes. 1010.
Reading	Berks.	Nunnery	after 978.

10 CHRONOLOGICAL LIST OF RELIGIOUS HOUSES.

Name.	County.	Order.	Ascribed Date of Foundation
Chateriz	Cambr.	Nunnery	c. A.D. 980.
Cranbourne	Dors.	Benedictines	c. 980.
Cholsey	Berks.	Monastery	986; destr. c. 1006.
Wherwell	Hants	Bened. nunnery.	c. 986.
Cerne, or Cernel	Dors.	Bened. monks	987 (originally a hermitage).
Riseburgh, or Monk Risborough	Bucks.	Cell to Christ Church, Canterbury	c. 991.
Durham	Durh.	Episcopal see and secular canons	995.
Hamtune, or Wolverhampton	Staff.	Monastery. Secular canons.	996. temp. Edw. Conf.
St. Ives	Hunt.	Benedict. priory	c. 1001.
Burton	Staff.	Benedict. abbey.	1004.
Bruton	Somers.	Monks	1005.
Eynsham	Oxford.	Benedict. abbey.	1005.
Stow-on-the-Would	Glouc.	Hospital	c. 1010.
Coventry	Warw.	Nunnery. Benedict. abbey.	destr. 1016. 1043.
Warwick	Warw.	(I.) Abbey, and (II.) Nunnery.	destr. by Danes 1016.
Coccham	Berks.	Monastery under an abbess	before 1019.
Abbotsbury	Dors.	Secular canons Benedict. monks	1026 temp. Edw. Conf.
Stowe, St. Mary's	Linc.	Secular priests	1040.
Crantoc, or St. Carentoc's	Cornw.	Secular canons.	before Edward the Confessor.
Crawley, St. Firmin's	Bucks.	Monastery	before Edward the Confessor.
Hereford	Heref.	Secular canons	temp. Edw. Conf.
Malvern	Worc.	Hermitage	temp. Edw. Conf.
Myresige, or Mersea	Essex	Alien Benedictine priory	temp. Edw. Conf.
Stayning, or Steyning	Essex	Alien Benedictine priory	temp. Edw. Conf.
Thetford, St. Mary's	Norf.	Secular canons (*Leland*) Monks (*Dugd.*)	temp. Edw. Conf.

CHRONOLOGICAL LIST OF RELIGIOUS HOUSES. 11

Name.	County.	Order.	Ascribed Date of Foundation.
Twinham, Christ Church	Hants.	Secular canons	temp. Edw. Conf.
St. Pieran's	Cornw.	Canons	temp. Edw. Conf.
Hartland, or Hertland	Devon.	Seculars	f. by Githa wife of Earl Godwine.
Woodchester	Glouc.	Religious house	temp. Godwini Comitis.
Spalding	Linc.	Priory of Black monks	A.D. 1052.
Galmanho	York	Monastery	1055.
Mount St. Michael's	Cornw.	Benedictines	1056.
Walsingham	Norf.	Austin Canons	1061.
Waltham	Essex	Austin Canons	1061.
Cirencester	Glouc.	College of Prebendaries	before William I.
Deane	Northt.	Priory	before William I.
Eltesley	Cambr.	Nunnery	destr. temp. Conq.
Bedford, St. Paul's	Bedf.	College of Prebendaries	before William I.
Kinley, or Kinline	Glouc.	Priory	before William I.
Lanachebran	Cornw.	Secular canons	before William I.
Leicester, St. Mary the Less, or Leicester, St. Martin	Leic.	College of Prebendaries	before William I.
Magnusfield	Glouc.	Nunnery	before William I.
St. Probus	Cornw.	College of secular canons	before William I.
Sapalanda	Hants.	Monastery	before William I.
Dartmouth, St. Patrick's	Devon	Cell and chapel	doubtful.
Hadleigh	Suff.	Monastery	„
Lincoln	Linc.	Nunnery.	„
Marshfield	Glouc.	Nunnery.	„
Newenton, or Newington	Kent	Nunnery.	„
Oxenford	Surr.	Nunnery.	„
Shrewsbury	Salop	Monastery.	„

The following account of Religious Houses occurs in a MS. compiled in the Priory of St. Mary Overy, at Southwark, about the year 1208. It represents the state of Monachism in England up to the time of the Conquest, and contains notices of all the principal monasteries then in existence :—

MS. Cott.
Faustina A. VIII.
Fol. 65–66.

De fundatorib3 ecctia3 p angtiam ut monasterio3 añq*m Regnū s¹ subiugassent Normanni dicendū eft. Nam numeR⁹ Religiosa3 domo3 q̄ fundate sunt Normano3 tēpib3 :/ in immensū excrescit . ꝉ annis singulis augm̄tatʳ. Qua3 numerū ꝉ ordinē a q¹b3 ut quo t̄pre fundate sunt :/ posteros sinamus inquireRe.

Ecctia sc̄e t¹nitatis apud cantuaRiam :/ á Romanis fundata eft s3 ab augustino consecRata.

Ecctia apto3 petRi ꝉ pauli extª muRos cantuaRie ab augustino fūdata eft . Set á lauRentio archiepo consecRata eft.

Ecctia sc̄i pauli lundonie :/ ab Ædelberto Rege fundata eft.

Ecctia sc̄i ANDRéé de Rouecestria :/ similiteR.

Ecctia sc̄i petRi eboriač :/ fundata eft ab cadwino Rege northamhȳmbro3.

Ecctia sc̄e MARIe lincolñ :/ fundata eft á paulino p¹mo archiepo eborač.

Ecctia Wintoniensis :/ á cenewaldo filio kenegilsi, fundata eft.

Ecctia sc̄i Petri de BuRgo :/ á Saxulfo fundata eft.

Ecctia wigorñ :/ ab ÆthelRedo Rege fundata eft.

Ecctia de ceRteseie :/ ꝉ de beRkinges :/ fundata eft á sc̄o eRkenwaldo lundoniensi episcopo.

Ecctia sc̄i petRi de Westmonast :/ á sc̄o Mellito lundoñ epo fund. s3 á Rege eadwaRdo. III° . ditata fuit.

Thomas cant aRchiep̄s pthomēiR in angt NoRmanno3 tpribj . ob tRiumphalem sui sang¹nis effusionē . ap̄d lamheiā in noīe suo fundata gtificaū ecctiam . qªm Baldewinus archiep̄s inchoauit . qªm ꝉ HubeRtus Baldewini successor iussu Innocentij pape teRcij funditus cueRtit.

Ecctia batoñ . ab offa Rege fundata eft . s3 ab eadgaRo ditata.

CHRONOLOGICAL LIST OF RELIGIOUS HOUSES. 13

Ecclia abendunic . á cissa p̃re jne regis inchoata eſt ./ s ab cadgaro ditata.
Ecclia sc̃i Albani . ab offa rege fuñ eſt.
Ecclia cluſtonie ab jne rege fund eſt.
Ecclia de euesham ./ ab egwino wigorneñ opo fundata eſt.
Ecclia edelingesgate . ꝛ shaphtesū ./ ꝛ mnchenée. ab aluredo rege f est.
Ecclia de wiburna ./ á sc̃a culburc fundata eſt.
Ecclia monialiū apd wintoniā ./ ab Ædelwoldo ei^{9}dem urbis epo ./ f. eſt.
Ecclia q̃ dr croilande ./ á walteolfo. f. c̃.
Ecclia de Romescia ./ ab cadwardo seniore fundata eſt.
Ecclia de mideltune ./ ab elstano rege fundata eſt.
Ecclia de torneia ./ á rege eadgaro fundata eſt.
Ecclia de rameseia ./ ab alfwino comite . fundata eſt.
Ecclia Wiltonensis ./ ab editha filia regis edgari . fundata eſt.
Ecclia malmesbie ./ á maidulfo. f. eſt.
Ecclia sc̃e maricſtowe ./ ab elnotho linc̃. fundata eſt.
Ecclia cernel ./ ab egelwardo fund. c̃.
Ecclia ambresbere ./ ab alfrida . f. eſt.
Ecclia couentreie ./ á leurico . ꝛ godiua . fundata eſt.
Ecclia sc̃i edmvndi ./ ab alſwino orientaliū angloƺ epo fundata .
c̃. sƺ rex canut^9 ibidem posuit monacho^s.
Ecclia de assendune ./ á rege canute . f. c̃.
Ecclia sc̃i petri gloceſt. ab alredo Wigorñ . epo. fundata eſt.

LIST OF AUTHORITIES.

K.

Codex Diplomaticus Aevi Saxonici, operâ Johannis M. Kemble, Londini, VI tomi, Mdcccxxxix.—Mdcccxlvii. (In the series of works published for the English Historical Society.)

[The number given in the reference relates to that placed before each charter; where a star (*) occurs, the editor doubted the authenticity of the document, but I cannot say that I agree with him in all cases.]

A. S. CHR.

The Anglo-Saxon Chronicle. Edited by Benjamin Thorpe, Esq. London. Two vols. 1861. (Among the Chronicles and Memorials of Great Britain and Ireland, published under the direction of the Master of the Rolls.)

D.

Monasticon Anglicanum. A History of Monasteries in England and Wales. By Sir William Dugdale, Knt. A new edition. By John Caley, Esq., Henry Ellis, and the Rev. Bulkeley Bandinel. London. 6 vols. in 8. 1817–1830. Folio.

H.

Registrum Wiltunense, Saxonicum et Latinum . . . sumptibus R. C. Hoare. London. 1827. Folio.

CHR. MEL.

Chronica de Mailros, e codice unico in Bibl. Cottoniana servato, etc. Edinburgi, Mdcccxxxv. (Among the publications of the Bannatyne Club.

Le N.

Fasti Ecclesiæ Anglicanæ. Compiled by John le Neve, and continued by T. D. Hardy. London, 1854. 3 vols.

L. V. D.

The "Liber Vitæ Dunelmensis," MS. Cotton, Domitian VII., written with gold and silver in the early years of the 9th century. The folios 16–20 are appropriated to abbots and abbesses.

P.

Cartularium Saxonicum Malmesberiense: Mediomontanis. Privately printed by Sir Thomas Phillipps from a MS. in his possession. 1829. Folio.

T.

Notitia Monastica, or an account of all the Abbies, Priories, etc. formerly in England and Wales. By Dr. Thomas Tanner, Lord Bishop of St. Asaph's. Reprinted by James Nasmith, M.A. Cambridge, 1787. Folio.

W.

An History of the Mitred Parliamentary Abbies and Conventual Cathedral Churches. By Browne Willis, Esq. London. 1718–1719. 2 vols.

B.

On the succession of the Abbots of Malmesbury. By W. de G. Birch. (In the Journal of the British Archæological Association, 1871.)

ABBREVIATIONS.

× This mark in the date signifies *between*.

† This indicates the occurrence of the name in the body of charter; names without it are subscriptions (in K.)

    abb., abbot.
    abp., archbishop.
    app., appointed.
    bp., bishop.
    c., circa.
    cf., confer.
    deac., deacon.
    destr., destroyed.
    dioc., diocese.

    n. d., not dated.
    ob., obiit.
    occ., occurs.
    presb., presbyter.
    rec., recitation of an older charter.
    res., resigned.
    rest., restored.
    temp., in the time of.

HEADS OF RELIGIOUS HOUSES.

Name.	Title.	Monastery.	Date.	Ref.	Obs.
Adam . .	abb. . .	Eynsham .	n.d.	D.	
Adbertus .	see Eadbertus .				
Adelm . .	see Aldhelm . .				
Adrian . .	abb. . .	St. Augustine's, Canterbury . .	669–708.	D.	
†——— . .	—	St. Peter's and St. Paul's, i.e. St. Augustine's . . .	673.	Haddan & Stubbs, Concilia, iii. 123.	
Adrianus .	—		27 Jan., 675.	K. 8.*	
——— .	—		1 Apr. 675.	K. 9.*	
——— .	—		1 Mar. 676.	K. 14.*	
†——— .	—		Jun. 686.	K. 27.	
†——— .	—		Jul. 689.	K. 30.*	
——— .	—		Feb. 696.	K. 39.*	
——— .	—		n.d.	K. 40.*	
——— .	—		Mar. 696.	K. 41.*	
——— .	—		799.	K. 177.*	
Adulf, Adulph, }	see Ealdulf:—Kineward.				
Æambriht .	abb. . .	Malmesbury	8 cent.	B.	
Ebba (St.) .	abbess .	Ebbchester .	? before 660.	D.	
——— . . .	——— .	Coldingham	before 673.	D.	
†Aebba . .	———		27 Jan. 675.	K. 8.*	
†——— . .	———		n.d.	K. 10.*	
†——— . .	———		1 Mar. 676.	K. 14.*	
†——— . .	———		n.d.	K. 15.*	
†Æbba . .	———		678.	K. 989.*	
†——— . .	———		c. 694.	Haddan & Stubbs, Concilia, iii., 246.	

HEADS OF RELIGIOUS HOUSES. 17

Name.	Title.	Monastery.	Date.	Ref.	Obs.
†Acbba and Eabba . .	abbess		17 Jul. 694.	K. 37.*	
† —— ——	——		2 Apr. 697.	K. 42.*	
Ebba II. . .	——	Coldingham	9 cent.	D.	
Acbbe . .	——			L. V. D. Smith's Beda, 237.	
Ebba . .	abb. . .	Evesham .	9 or 10 cent.	D.	
Acbbino .	abbess			L. V. D.	
Ædred . .	diac. abb.			L. V. D.	
Ælberct .	abb.			L. V. D.	
Aefric, see Ælfric . .				H.	
Ægelnoth, see Æthel-					
Alfgarus .	—. .	Evesham .	n. d.	D.	
Ælfgar . .	—		1002.	K. 707, 1295.	
Eðelgiua .	abbess .	Shaftesbury	888.	Chr. Mel.	(Foundation.)
Agelyve, al. Elgiva. .	—— .	——		D.	
Aelfgyth (duæ) . .	——			L. V. D.	
†Ælfgybe .	——.		944.	K. 401.	
†Aelfgythe .	monialis		949.	H. p. 28.	
Alfgyð . .	abbess .	Wilton . .	955.	K. 436.	
Ælfgiva .	——.	Barking . .	11 cent.	D.	
Elfegus . . Elphege .	abb. . . —. . . .	Bath . . . —— . . .	} c. 970.	D.	
Ælfheah .	—		970.	K. 1269, 1270.	
Ælfheh . .	—		971.	K. 567.*	
Ælfheah .	—		972.	K. 570.*	
Ælfæh . .	—		—	K. 574.*	
Ælfheah .	—		c. 974.	K. 582.	
——— .	—		974.	K. 585.*	
Aelfheah .	—		—	H. p. 50.	
Ælfheah .	—		978.	K. 598.*	
Ælfheh . .	—		982.	K. 1278.	
Elfegus (St.)	—. . .	Bath .	App. Bp. Winchester, 19 Oct. 984.	Chr. Mel. cf. A.S. Chr.	
Ælfere . .	—		968.	K. 1263.	
Ælfhere	—		985.	K. 648,* 650.	
Ælfere . .	—		—	K. 1283.	

D

Name.	Title.	Monastery.	Date.	Ref.	Obs.
Æluere	abb.		987.	K. 657.	
Ælfhere	—		988.	K. 663.	
Ælfhære	—		990.	K. 673.*	
Ælfere	—	Bath	993.	K. 684.*	
———	—			Liber de Hyda, 253. Rolls Editn.	
———	—		994.	K. 687.	
Aelfhere	—		—	H. p. 24.	
Æluere	—		995.	K. 1289.	
Ælfhere	—		996.	K. 696.	
Ælfuere	—	Bath	997.	K. 698.	
———	—		1001.	K. 706.	
Ælfere	—		1002.	K. 1295.	
Ælferus	—		—	K. 1297.	
Ælfuere	—		n.d.	K. 712.	
Æluere	—		n.d.	K. 713.	
Ælfere	—		1005.	K. 714.	
Æluere	—		—	K. 1301.	
Ælfhere	—		1007.	K. 1303.	
Ælferus	—		—	K. 1304.	
Æluere	—		1018.	K. 728.	
Ælfhere	—		1019.	K. 729.	
Æluere	—		—	Liber de Hyda, 326.	
Ælfuere	—		—	K. 730.	
Æluere	—		1022.	K. 734.	
———	—		1023.	K. 739.	
Ælfhere	—		1026.	K. 743.	
Ælfere	—		1031.	K. 744.	
Ælfhun	—		975.	K. 590.	
———	—		982.	K. 633.	
———	—		—	K. 1278.	
———	—	Middleton	993.	K. 684.*	
———	—			Liber de Hyda, 245.	
———	—		995.	K. 1289.	
———	—		n.d.	K. 712.	
Ælfun	—		n.d.	K. 713.	
†———	—	Canterbury	n.d.	K. 929.	
Aelfleda, al. Aelbfled	abbess	Streanaeshalch	685.	Smith's Beda, Hist. Eccl. iv. 26, cf. also iii. 24.	

HEADS OF RELIGIOUS HOUSES.

Name.	Title.	Monastery.	Date.	Ref.	Obs.
Æliled (tres)	abbess			L. V. D.	
Ællleda, al.					
Elfleda	. ———	Whitby . .	714.	D.	
†Ælflede .	. religiosa		941.	K. 389.	
Ælfleda . .	———		972.	K. 571.*	
Ailmer .	abb.		694.	Haddan and Stubbs, Concilia, iii. 246.	
Almerus .	—.	Tavistock .	981.	D.	
Ælfmær .	—. . .		984.	K. 643.*	
Elmer . .	—. . .	St.Aug.Cant.	1006-1020.	D.	
Ælfmær .	—		1004.	K. 710.	
——— .	—		1005.	K. 714.	
Ælmærus .	—		1007.	K. 1304.	
Ælmær . .	—		1008.	K. 1305.	
Ælfmær .	—		1011.	} A. S. Chr.	{ released by the Danes.
Ælmær . .	—		1011.		
†——— . .	—. . .	Ch.Ch. Cant.	1013×1020.	K. 731.	
†Ælfmær .	—		1016×1020.	K. 732.	
——— .	—		c. 1020.	K. 1315.	
Ælmer . .	—. .	St.Aug.Cant.	n.d.	K. 1327.	
Ælmerus .	—		1022.	K. 734.	
Ælmer (duo)	—		1023.	K. 737.*	
Elferd . .	—. .	Evesham .	8 or 9 cent.	D.	
Ælfred . .	—			L. V. D.	
Aelfred . .	—		860×865.	K. 289.*	
Alfrid . .	—.	St.Aug.Cant.	886-894.	D.	
Ælfred . .	—		994.	K. 686.*	
Ælfric . .	—. . .	Glastonbury	824×942.	D.	
Aelfric . .	—		921.	Lib. de Hyda, 109.	
†Ælfricus .	—		23 Mar. 931.	K. 1102.	
Ælfric . .	—		———	K. 1102.	
†Ælfricus .	—		[20 Jun.] 931.	K. 1103.	
Ælfric . .	—		———	K. 1103.	
——— . .	—		12 Nov. 931.	K. 353.	
——— . .	—		931.	K. 357, 1104, 1105, 1106.	
——— . .	—		932.	K. 1108, Lib. de Hyda, 130.	
——— . .	—		15 Dec. 933.	K. 363.	
Ælfric .	—		n.d.	K. 1127.*	

ALPHABETICAL LIST OF

Name.	Title.	Monastery.	Date.	Ref.	Obs.
Alfricus	abb.	Westminster	939×956.	D.	
Ælfric	—		956.	H. p. 26.	
Alfric	—	St. Aug. Cant.	956×971.	D.	
Ælfric	—		959.	K. 479.	
Ælgric (sic)	—			Lib. de Hyda, 177.	
Ælfric	—		17 May, 959.	K. 1224.	
———	—		963.	K. 503, 1249.	
Aefric	—		—	H. p. 35.	
Ælfric	—		28 Dec. 961.	K. 514* (vi. 337)	
Ælfric	—		964.	K. 1252.	
———	—		966.	K. 526, 1257.	
———	—		967.	K.532*, 533, 535, 536.	
———	—		968.	K. 543, 544, 546, 1261–1266*, II. p. 44.	
———	—		969.	K.548, 555*, 556.	
Alfric I., al. ⎫ Ælfric I. ⎭	—	St. Albans	969—989 (ob. 15 Nov., 1006.)	D.	
Ælfric	—		959 × 970	K. 562.	
———	—		970.	K. 563*, 1269, 1270.	
——— a.	—		? [c, 970].	W. Malm. G. Pont.	Afterwards Bp. of Crediton.
———	—		972.	K. 570*, 574*.	
———	—		c. 974.	K. 582.	
———	—	Malmesbury	974.	W. Malm. G. Pont.	Eulogium Historiarum.
———	—		974.	K. 585*.	
Aelfric	—		—	H. p. 50.	
Ælfric	—		975.	K. 587*, 588*, 590, 592.	
Ælfric	—		976.	K. 595.	

a Also called Alfricus and Elfricus.

HEADS OF RELIGIOUS HOUSES.

Name.	Title.	Monastery.	Date.	Ref.	Obs.
Aclfric,					
Alfric, al.	abb.	Malmesbury	app. Bp. Crediton. c. 977.	Le N.	
Alfred.					
Alfricus	} —		n. d.	W. Malm., G. Pont.	
Elfricus					
Ælfric	—		n. d.	B.	
Elfred	—		977.	W.	
Elfric	—		—	W. (ob. 988.)	
———	—		977—982.	D.	
Alfricus	—		{ —988, —990.	} D. ii. 514.	
Alfredus					
Ælfric	—		978.	K. 508*, 1275*.	
[———	—		980.	K. 624.]	? minister for abbas
———	—.	Cernel	c. 987—989.	D.	
——— (duo)	—		990.	K. 672*.	
†Ælfricus	—.	Abingdon	993.	K. 684*.	
Ælfric	—.	"Meat"	—	K. 684*.	
———	—		994.	K. 686*, 687; H. p. 24.	
———	—		995.	K. 1289	
———	—.	Evesham	997.	K. 698.	
Africianus, al.	} —		n. d.	D.	
Alfric.					
Ælfrich	—.	Malmesbury	997.	K. 698.	
Ælfric	—		1002.	K. 707, 1295.	
Ælfuric	—		—	K. 707.	
Ælfric (duo).	—		n. d.	K. 712.	
——— (duo)	—		n. d.	K. 713.	
——— (duo)	—		1005.	K. 714.	
Elfric.	prior	Winchester	1006—1023.	D.	
Alfric II.	} abb.	St. Alban's	{ 1006—temp. Edw. Conf. }	D.	
Ælfric II.					
†Ælfricus	—.	Athelney	1009.	K. 1306.	
———	—		Jul., 1012.	K. 1307.	
———	—		1016.	K. 723*.	
Alfric.	prior	Ch. Ch. Cant.	before 1020.	D.	

ALPHABETICAL LIST OF

Name.	Title.	Monastery.	Date.	Ref.	Obs.
Alfric Puttoc	abb.	Cernel	1023.	D.	
Ælfric	—			K. 1318.	
———	—		1035.	K. 1322.	
Ælfric	—		1042.	K. 764.	
Ælfricus	—	Pershore	1044.	K. 771*.	
Alfric, *al.* Alfricus	}—	———	—	D.	
Ælfric	—			K. 772.	
———	—		1045.	K. 777, 778; H. p. 30.	
Ælfricus	—		1052×1053.	K. 797.	
†Ælfrice	—	Westminster	n.d.	K. 827.	Already dead.
Ælfric	—		n.d.	K. 912.	
———	—	Pershore	1049×1058.	K. 923.	
Ælfricus	—	———	n.d.	K. 939.	
Ælfric	—		n.d.	K. 972.	
Ælfricus	prior	Ely	ob. iv. id. Aug.	Calendar *Hist. Elien.* Trin. Coll. Cambr. MS. O. 2. 1.	
Aelfsig	abb.			L. V. D.	
Alsin	prior	Ch. Ch. Cant.	825×1058.	D.	
Elsius	abb.	Glastonbury	956.	D.	
Ælfsie	—		970.	K. 566.	
Elsinus	—		28 Dec. 974.	K. 581.	
Alsinus, *al.* Alsius	—	Newminster	977.	D.	
Ælfsige	—	———	n. d.	L. de Hyda, 258.	
Elsi, *al.* Elsin	}—	Ely	{981–1016, 1019.	}D.	
Ælfsige	—		988.	K. 663, 664.	
Æðelsige	—		---	K. 664.	
Ælfsigæ	—		990.	K. 673.*	
Ælfsi	—	Medeshamstede	992.	A. S. Chr.	
Ælfsige	—	"Niw."	993.	K. 684.*	
———	—		994.	K. 687.	
Aelfsige	—			H. p. 24.	
Ælfsyc	—		995.	K. 689, 690.	

HEADS OF RELIGIOUS HOUSES. 23

Name	Title	Monastery	Date	Ref.	Obs.
Ælfsige	. abb.		995.	K. 691, 692, 1289.	
———	. —		996.	K. 696, 1292.	
———	. —	Newminster	997.	K. 698.	
———	. —		998.	K. 700.	
Ælfsige	—.	" Ceās."	999.	K. 703.	
———	—.	Ely	—	K. 703.	
———	—		c. 999.	K. 704.	
———	—		1000.	K. 1294.	
Ælfsie	—		1001.	K. 705.	
Ælfsige (duo)	. —		—	K. 706.	
———	. —		1002.	K. 707.	
——— (duo)	—		—	K. 1295.	
Ælfsius	. —		—	K. 1297.	
Ælsic	. —		1003.	K. 1299.	
Ælfsige	. —		1004.	K. 709.*	
Ælfsinus (duo)	. —		—	K. 710.	
Ælfsige	. —		1005.	K. 1301.	
Ælfsie	. —		n.d.	K. 712.	
Ælfsige	. —		n.d.	K. 713.	
Ælfsius, al. Ælfsinus	. —.	Peterborough	1006-1055.	D.	
Ælfsige	—		1006.	K. 715.*	
Ælfsinus (duo)	. —		—	K. 715.*	
Ælfsige (duo)	. —		1007.	K. 1303.	
Ælfsinus	. —		—	K. 1304.	
Ælfsius	—		—	K. 1304.	
Ælfsinus	. —		Ob. viii. Kal. Sep. 1007.	MS. Cott. Titus D. xxvii. fol. 7, 152.	Saxon calendar.
Ælfsige (duo)	—		1008.	K. 1305.	
———	—		1009.	K. 1306.	
Ælfsi (duo)	—		1012.	K. 719.	
Ælfsinus	. —		Jul. 1012.	K. 1307.	
Ælsige	. —	Peterborough	1013.	A. S. Chr.	
Ælfsige	. —		—	K. 1308.*	
———	. —		1014.	K. 1309.	

ALPHABETICAL LIST OF

Name.	Title.	Monastery.	Date.	Ref.	Obs.
Ælfsige	abb.		1015.	K. 1310.	
Ælfsinus	—		1016.	K. 723.*	
Æthelsigus	—	Abingdon	1016–1017.	D.	
Æthelsige	—	——	1016–1018.	A. S. Chr.	
Ælfsige	—		1018.	K. 728.	
Æthelsige	—		——	K. 728.	
——.	—		ob. 1018.	A. S. Chr.	
——.	—		1019.	Hyda, 826.	
Ælfsige	—		1019.	K. 729.	
——.	—		1020.	K. 1316.	
†Ælfsius	—	"Burch"	before 1022.	K. 733.	
Ælfsige	—		1022.	K. 734.	
——.	—		1021×1023.	K. 736.	
——.	—		1023.	K. 739.	
Æðelsige	—		1026.	K. 743.	
Ælfsige	—		1038×1044.	K. 769.	
Ælfsine	—	Peterborough	ob. 1041.	A. S. Chr.	
Ælsi	—	St. Aug. Cant.	1044.	K. 771.*	
Ælfsige	—		——	K. 774.	
Elsinus	—	Hulme	1046.	D.	
Ælfsinus	—		1055.	K. 801.	
Egelsine	—	St. Aug. Cant.	1059–1070.	D.	
Ælsius	—		1060.	K. 809.*	
Æthelsige	—	St. Aug. Cant.	26 May 1061.	A. S. Chr.	
Ægelsinus	—		1062.	K. 813.	
Æðelsige	—		1065.	K. 817.	
Agelfige	—		——	P. 24.	? for Agelsige.
Ægylsige	—		1060×1066.	K. 822.	
Agelsius	—	Evesham	n.d.	D.	
Ægelsius	—		1066.	K. 824,* 825.*	
Ælfsie	—		after Eadweard.	K. 897.	
Ælfsige	—	Bath	n.d.	K. 933, 934, 935.	
Ælsige	—	——	n.d.	K. 936, 937.	
Ælfsigus	—	——	n.d.	Hickes,Catal. of Anglo-Sax. M.SS. in C. C. C., Oxon, p. 116.	
Ælfsige	—	——	n.d.	Hickes, Dissertatio E istolaris, pp. 9–10 (quinquies).	

HEADS OF RELIGIOUS HOUSES. 25

Name	Title	Monastery	Date	Ref.	Obs
Ælfsi	abb.		n.d.	K. 963.	
Ægelsig.	—		n.d.	K. 964.	
Ælsi .	—.	Cowwaforde	n.d.	K. 972.	
†Ælfsigo .	—.	Bath . .	n.d.	K. 1351, part 1.	
†——— .	—.	———	n.d.	K. 1351, part 2,	
†——— .	—		n.d.	K. 1351, parts 3, 5, 8, 9.	
Aelfsig .	—			L. V. D.	
Ælfstan.	—		28 Dec. 964.	K. 514*(vi. 237).	
Ælstan .	—		n.d.	K. 1127.*	
Ælfstan .	—		964.	K. 1252.	
——— .	—		965.	K. 1254, 1255, 1256.	
Ælfstanus .	—.	Glastonbury .	966.	K. 520,* 528.*	
——— . .	—			K. 523.*	
Ælfstan.	—			K. 526, 527.* Hyda, 202.	
Alfstanus	—			Hyda, 205, 323.	
Ælstan .	—		967.	K. 533.	
Ælfstan .	—			K. 535.	
——— .	—		968.	K. 543 H. pp. 16, 44.	
Ælstan .	—			K. 544.	
Ælfstan.	—		969.	K. 548, 556.	
——— .	—		970.	K. 563.*	
Ælstan .	—			K. 566.	
Ælfstan	—			K. 1268. 1269, 1270.	
——— .	—.	Glastonbury .	972.	D.	
——— .	—		978.	K. 598.*	
——— .	—		1019.	K. 729, 730.	
——— .	—.	St. Aug. Cant.	1032.	K. 745.	
†——— .	—		c. 1036.	K. 1323.	
†——— .	—. .	Kent? St. Aug.	n.d.	K. 1325.	
†——— .	. —.	St. Aug. Cant.	1038.	K. 758.	
——— . .	—		1042.	K. 763.	
Ælfstanus .	—		1043.	K. 916.	
Ælfstan . .	—. .	St. Aug. Cant.	res. 26 Dec. 104¾, ob. 3 non. Jul. 104¼.	A. S. Chr.	

E

ALPHABETICAL LIST OF

Name.	Title.	Monastery.	Date.	Ref.	Obs.
Ælfstanus (duo)	abb.		1038×1044.	K. 769.	
Ælfstan	—		1044.	K. 772, 774.	
Ælfstan	—		1045.	K. 776.	
Ælfstanus	—		—	K. 779.*	
† ——	—	St. Peter and St. Paul, Canterbury	n.d.	K. 900.	
† Ælfswida	religiosa		943.	K. 1145.	
Alfritha	abbess	Hreopandunc, al. Repton	719.	D.	
† Ælföryð	—		948.	K. 418.	cf. Æthelthrytha.
Alfthrith	—	Shaftesbury	—	D.	
Alfwic	abb.	St. Mildred's, Canterbury		T.	Last abbot.
Alwyus, al. Alfwin I.	—	Westminster	to 820.	D.	
Alwyus II.	—	————	to 837.	D.	
Aluuini	—			L. V. D.	
Ælfwig	—	Westminster	993.	K. 684.*	
Ælfwic	—	Occidentale monast., i.e. Westminster	997.	K. 698.	
Ælfwig	—		1005.	K. 714.	
Ælfwi	—		1012.	K. 719.	
Alfwyus, al. Alwyus III.	—	Westminster	to 1017.	D.	
Ælfwig (duo)	—		1023.	K. 1318.	
Ælfwi	—		1024.	K. 741.	
Ælfwig (duo)	—		1035.	K. 1322.	
Æluuig	—		1042.	K. 762.*	
Ælfwig (duo)	—		1044.	K. 772.	
—— (duo)	—		1045.	K. 778; H. p. 80.	
Ælwig	—		1062.	K. 813.	
Alwy	—		1065.	K. 817.	
Alwi	—		—	P. 24.	

HEADS OF RELIGIOUS HOUSES. 27

Name.	Title.	Monastery.	Date.	Ref.	Obs.
†Ælfwig	abb.	Bath	1060×1066.	K. 822.	
Ælwigus, et Ælfwigus	—		n.d.	Hickes, Cat. of A. Saxon MSS. in C. C. C. Oxon, p. 116.	
Elfwin	prior	Ch. Ch. Cant.	10 or 11 cent.	D.	
Ælwinus, see Edwin (Eadwine) of Malmesbury				B.	
Ælfwinus	abb.		1020×1023.	K. 730.*	
Ælfuuine	—		1032.	K. 746.	
——	—		1033.	K. 751.	
Ælfwine	—		1035.	K. 1322.	
Alwynus, al. Alwyus	—	Newminster	? 1035–1057.	D.	
Ælfwine	—.	——	n.d.	K. 1327.	
Ælfuuine	—		1042.	K. 762.*	
Ælfwine	—		——	K. 763, 1332.	
(duo)	—		——	K. 764.	
Alfwynus, al. Aylwynus	—	Ramsey	1043–1079.	D.	
Ælfwinus	—		1043.	K. 916.	
Ælfwine	—		1044.	K. 772, 773, 774.	
——	—		1045.	K. 776, 778.	
Ælfuuinus	—		——	K. 779.*	
Ælfwine	—		——	K. 781; H. p. 30.	
——	—.	Ramsey	104⅖.	A. S. Chr.	
——	—.	"Bucfæsten".	1046.	K. 1334. dioc. Exon.	
Ælfwinus	—		1049.	K. 788.	
Ælfuuinus	—		1050.	K. 791.	
Ælpinus	—		——	Hickes, Dissertatio Epistolaris, 17.	
Ælfwine	—.	Newminster	1049×1052.	K. 949.	
Ælfuuinus	—		1052.	K. 796.	
Ælwinus	—.	Malmesbury	n.d.	B.	
Elwinus	—	——	n.d.	W. Malm., G. Pont., ruled 1½ years.	

ALPHABETICAL LIST OF

Name.	Title.	Monastery.	Date.	Ref.	Obs.
Edwin	abb.	Malmesbury	*ob.* 1052.	W.; D.	
Ælfwin	—		1052	K. 956.	
Ælfwine	—	Newminster	*c.* 1053.	K. 1337.	
Ælfwinus	—		1054.	K. 800.	
Ælfwinus[1]	abba		ob. viii. Kal. Dec. 1057.	MS. Cott. Titus D. xxvii. f 8 *b*. 18 *b*.	Saxon calendar.

[1] "Ælfwinus vitam liquit hic abba cad." [? caducam.]
The identification of abbot Ælfnoðus, whose obit on the fifth of the ides of December is also metrically entered thus—
"Hic requievit abbas Ælfnoðus honeste"—
and of this abbot Ælfwinus, would enable us to assign this venerable volume, containing one of the earliest English calendars we possess, to the monastery in which it was prepared. The portion containing the calendar has been printed by R. T. Hampson, in his 'Medii Ævi Kalendarium,' London [1847], vol. i. pp. 435, *et seqq.*
Under the Ides of March the following notice occurs, in a handwriting corresponding with that of most of the obits:—
"Obitus Æthelnothi . pat[ris] Ælfwini . mo[nachi] . *abb*[*atis*]."
Under the seventh of the Kalends of December:—
"Hic obiit wulfwynn mat[er] Ælfwini . *abb*[*atis*]."
Upon the third of the Kalends of April:—
"Hic obiit leofgyfu soror Æ[lfwini] . *abb*[*atis*]."
On the seventh of the Ides of May:—
"Hic obiit Godo . so[ror] . Æ[lfwini]."
On the fifth of the Kalends of November:—
"Hic obiit Ælfwynn . so[ror] . Æ[lfwini] . mo[nachi] . *et abb*[*atis*]."
And lastly on the sixth of the Kalends of January:—
"Obitus Ælfnothi . fr[atris]. Æ[lfwini]."
The words in italics have been added to the four preceding entries in a hand differing considerably from that in which the other portions are written.
These sentences show that the calendar, which bears the handwriting of three or more persons, was in course of compilation during the lifetime, or, to speak more accurately, before and during the abbacy of Ælfwinus, whose father, mother, brother, and two sisters, if not actual inmates of the monastery, or benefactors to it, were at least honoured with periodical remembrance in the prayers of the monks; we may indeed go farther, and, without exceeding the bounds of probability, consider the book to have been the property of Abbot Ælfwinus himself, who has entered with his own hand at different periods the death of five members of his family, and indirectly indicated his own promotion from monk to abbot.
It is difficult to determine accurately the date of the composition of the calendar; the obit of King *Cnud*, *i.e.* Canuto, occurs under the second of the Ides of November, —this event took place A.D. 1036; and the obit of King *Harthacnud*, *i.e.* Hardicanute

Name.	Title.	Monastery.	Date.	Ref.	Obs.
Alwinus	abb.	Ramsey	1060.	K. 809.*	
Ælfwinus	—		1062.	K. 813.	
Alwinus	—	Newminster	1063 × 1069.	D.	
Ælfwinus	—		1066.	K. 824.*	
(alter)	—		——	K. 824.*	
†Ælfwinus	—	Ramsey	n.d.	K. 853. 904, 919.	
†Ælfwine	—	——	——	K. 853.	
†Ælwinus	—	——	——	K. 903.	
†Ælfwin	—	——	——	K. 904.	
Ælfwyne	—	——	——	K. 904.	
†Ælfwine	—	Newminster	——	K. 922.	
Ælfuuine	—		——	K. 963.	
Ælfwiue	—		——	K. 964.	
Ælfuine	—		——	L. V. D.	
Alwinus, al. Alwyn	—	Great Malvern	temp. W. Conq. 1083.	D.	

is placed under the sixth of the Ides of June,—this event happened A.D. 1041. By taking this and other similar notices into consideration it will not be far from right to attribute it to the concluding years of the Saxon dynasty.

The next and last step that remains is to find an abbot of the name of Ælfwinus during the period above indicated, and here the utility of the list I have prepared becomes evident. It will be seen that the following names occur among the group,—Bath, Newminster, Ramsey, "Bucfæsten," Malmesbury, and Great Malvern, and if this were all the evidence we could bring to bear upon the question, it would yet be doubtful to which of these monasteries we are to give the preference. Ælfwine however, occurs in a charter of undoubted genuineness (K. 949) ranging in date between A.D. 1049 and 1052, as abbot of Newminster, and so strong is the collateral proof afforded by obituary entries of no less than four other heads of Religious Houses (out of a total of eight,—three of whom, Heahfleda, Wulfthrytha, and Berhtinus, are not identified; one, Osgarus, being probably abbot of Abingdon) whose names also appear on the Newminster list, viz. Byrhtwoldus, A.D. 995–1008 [D]; Æthelnothus and Ælfnothus, A.D. 1021 and 1057 [D]; and Ælfsinus, A.D. 997 [K], that I think there is very little doubt left, if any, that the volume under inspection originated at Newminster, and we may presume that Heahfleda and Wulfthrytha were two abbesses of the neighbouring nunnery of St. Mary at Winchester.

On the fifth of the Kalends of January we have the following :—
"Obitus . . . fr[atr]is n[ost]ri Ælfgari presidis,"
and this affords yet further proof of the connection of the book with Newminster, for Ælfgar was, according to Dugdale and the old chronicles, the first abbot of this monastery, being sent thither from Abingdon,—a fact which satisfactorily explains the obituary mention of Abbot Osgarus already noticed.

Name.	Title.	Monastery.	Date.	Ref.	Obs.
Elwyn	? abb.	Farne (*cell*)	n.d.	D.	
Elwina	abbess	Rumsey	10 or 11 cent.	D.	
†Ælfpord	abb.	Winchcombe	before 1023.	Hickes. Cat. of Lord Somers' Charters, p. 303, no. 18.	
†Ælfword	—	Winchcombe	1023.	K. 738.	
Alfwordus, *al.* Alwordus	—	Evesham	app. Bp. London *c.* 1035; *ob.* 25 July, 1044.	Le N.	
Ælmær, *see* Ælfmær.					
Æls—, *see* Ælfs—.					
†Ælswius	abb.		956.	K. 439.*	
Ælu—, *see* Ælf—.					
Aescwig	—		963.	H. p. 35.	
Æscwig	—			K. 503.	
Æscuuig	—			K. 1249.	
Æscwi	—		28 Dec. 964.	K. 514* (vi. 237).	
Æscuuig	—		964.	K. 1252.	
Æscwig	—	Bath	965.	D.	
†———	—	St. Peter's "Acumanensis"	—	K. 516.*	
Æscuuig	—		—	K. 1254, 1255, 1256.	
Æscuuynus	—		966.	K. 523.*	
Æscwig	—		—	Hyda, 202.	
Ascunyus	—		—	Hyda, 205.	
Ascunyas	—		—	Hyda, 323.	
Æscwig	—		—	K. 526, 527.*	
Æscuuig	—		—	K. 1257.	
Æscwig	—		967.	K. 533.	
Æscwi	—		—	K. 535.	
Æscuui	—		—	K. 536.	
Æscwig	—		968.	K. 543, 546; H. pp. 16, 44.	
Æscwine	—		—	K. 544.	
Æscuuig	—		—	K. 1261–1266.*	
Æscwig	—		969.	K. 548, 556.	
———	—	Bath	970.	D.	
———	—		—	K. 563*, 566, 1269, 1270.	

HEADS OF RELIGIOUS HOUSES.

Name.	Title.	Monastery.	Date.	Ref.	Obs.
Æscwig . .	abb.	Bath . . .	970.	K. 566.	
Æscuuig .	—			K. 1268.	
† ———— .	—		971.	K. 568.*	
Æscwig .	—		972.	K. 570*, 571.*	
Æswig .	—			K. 572.	
Escwi . .	—			A. S. Chr.	
Aescwig .	—			H., p. 34.	
Æscwi . .	—			K. 575.*	
Æscwig	—		c. 974.	K. 582.	
Aescwig .	—		974.	H., p. 50.	
Æscwig .	—		——	K. 585.*	
Æscwi . .	—			K. 1274.	
Æscwig.	—		975.	K. 588*, 590, 592.	
Æscuuig	—		c. 977.	K. 1277.*	
Æscwig . .	—		978.	K. 598*, 1275.*	
Aestorhild .	abbess			L. V. D.	
Aesturuini	abb.			L. V. D.	
Acdilberga .	abbess	Berecingum	c. 674.	Smith's Beda.	Hist. Eccl., iv. 6, 150.
Aldburgh, al. Ethelburgha . .	— .	Barking	late 7 cent.	D.	
Ethelburgh II.	— .	———— .	temp. Ini Regis.	D.	
Æthelburga	— . .	Worcester . .	743.	D.	
—————	— .	———— .	774.	D.	
†Aethelburh	—			K. 124.	
Aeðelburga	—			K. 124.	
Ethelburgha	— . .	Withington, co. Worc. . . .	ob. 774.	D.	
Aethelburg	—		778×781.	K. 146.	
Ethelburgc	— .	Fladbury . .	before 781.	D.	
†Æthelburga	—		787	K. 151.	
Aethelburga	—			K. 151.	
Alburg (duæ)	—			L. V. D.	
Ethelburgha, see Eadburga of Liming.				D.	
Etheldune .	abb. .	Bcorclea . .	to 915.	D. vi., 1618.	
Algar, see Algarus (Ælfgarus) of Evesham.					
Algarus	abb. .	Westminster .	to 889.	D.	

ALPHABETICAL LIST OF

Name.	Title.	Monastery.	Date.	Ref.	Obs.
Etelgarus	abb.	Newminster	app. 964.	Chr. Mel.	
Æðelgar	—		28 Dec, 964.	K. 514,* (vi., 237).	
Æthelgarus et Egelgarus	—.	Newminster	965–977.	D.	
Æðelgar	—.		965.	K. 1255, 1256.	
Æðelgarus.	—.	Newminster		K. 520.*	
Æðelgar	—.			K. 526.	
———	—.	Newminster		K. 527.* First Ab- Hyda, 202. bot.	
Algarus	—.	———	——	Hyda, 205, 323.	
Æðelgarus	—.	———	—	K. 528.*	
Æðelgar	—.		967.	K. 533, 535, 536.	
———	—.		968.	K. 543, 546, 1261–1266.*	
Æthelgar	—			H., pp. 10, 41.	
Æðelgar	—		969.	K. 555,* 556, 548.	
———	—		970.	K. 563,* 566, 1268, 1269, 1270.	
———	—		971.	K. 567,* 568.*	
———	—		972.	A. S. Chr., K. 570,* 572, 574,* 575.*	
Aethelgar	—			H., pp. 34, 35.	
Æðelgar	—		973.	K. 579.*	
———	—		c. 974.	K. 582.	
———	—		974.	K. 585,* 1274.	
Aethelgar	—			H. p. 50.	
Æðelgar	—		975.	K. 587,* 592.	
Æthelgar	—			K. 588.*	
†Æðelgar	—		963×975.	K. 594.	
———	—		976.	K. 595.	
———	—		c. 977.	K. 1277.*	
———	—		978.	K. 598,* 1275.*	
———	—		979.	K. 621.	
———	—.	Newminster	n. d.	K. 1347 (bis).	
†———	—.	———	n. d.	K. 922.	
Æthelgar	—.	———	app. Bp. Selsey, 6 non. May, 980.	A. S. Chr.	
Æthelgarus	—.	———	———	Le N.	

Æthelgeofu, see Elgiva (Ælfg—) of Shaftesbury.

HEADS OF RELIGIOUS HOUSES. 33

Name.	Title.	Monastery.	Date.	Ref.	Obs.
Eðilgyth	abbess		n. d.	L. V. D.	
Æþelheah	abb.	Liming, Reculver, Folkestone, or Minster.	12 Oct. 803.	K. 1024.	cf. Ælfheah. Haddan & Stubbs Concilia, iii, 547.
Æthilheardus	oeconomus et abbas.		749.	K. 1006.	
Æthelheard	abb.	Malmesbury		A. S. Chr.	ob. 12 May, 805. Stubbs.
Eðilheard	—		n. d.	L. V. D.	
Ethelhoard	—.	"Ludensis"	607.	Sim. Dun.; Had. and St. Conc. iii, 400.	
Adelardus, Adelhardus, Aethelheard, Acthelher, Athelard, Edelred, Edilbardus, Ethelheardus, al. Ethelredus	—..	Malmesbury		app. Bp. Winchester, 754 × 791; and translated to Canterbury.	Le N.
Athelardus, Ethelardus, Adelardus	—..	————	occ. 754.	Will. Malm., G. Pont.	
Ethelard	—..	————	—780.	D.; W.	
Æthelheard	—		app. Abp. Canterbury, 790; ob. 792–3.	A. S. Chr.	
Adelard	—		elected Abp. Cant., 790.	Annales Roff.	
Oththelard	—..	————	.	B.	
Edilhech	abbess		n. d.	L. V. D.	
Æðelhild	abb.	Winchester	n. d.	K. 1347.	
Eðilhild	—		n. d.	L. V. D.	
Edelhild	abbess	near Peartenei	early 7th cent.	T., from Beda. Eccl. Hist. iii, 11. (A.D. 643, Ed. Smith.)	
Æðelhun	abb.		883.	K. 313.	

F

Name.	Title.	Monastery.	Date.	Ref.	Obs.
Adelhunus. Æthelhunus	} abb.	Beorclea	883–915.	D.	
Æþelhun	—		9 Sep. 915 × 922.	K. 343.*	cf. Aldhun
Aldmund	—	Evesham	8 or 9 cent.	D.	
Athelmund	—		Non. Nov. 804.	P. 19.	? for 844.
Edmund Elmund	} —	Glastonbury	824×942.	D.	
Eðelmund	presb. abb.		831.	K. 228.	cf. Eadmund.
Æðelmund	abb.	? Malmesbury	5 Nov. 844.	K. 1018.	
Eðilmund	—		n. d.	L. V. D.	
Æthelmodus	—	Malmesbury	8 cent.	B.	
Ethelnoth	—	St. Aug. Cant.	762–787.	D.	
†Aethelnothus	—		772.	K. 119.	
Aeþelnoþ	—		901.	Hyda, 116.	
Æðelnoð	—		20 Jun. 931.	K. 1103.	
———	—		12 Nov. 931.	K. 353.	
———	—		30 Aug. 932.	K. 1107.	
———	—		932.	K. 1108. Hyda,130.	
———	—		15 Dec., 933.	K. 363.	
Alfnodus	—	Westminster	—939.	D.	
Elfnoth	—	St. Aug. Cant.	971–980.	D.	
Ælfnoð	—		974.	K. 585.*	
Aelfnoth	—			H., p. 50.	
Æðclnoð	—		999.	K. 703.	
Ægelnod	—		1002.	Brit. Mus. MS. Egerton 2104, f. 16, Wherwell Chartulary=Willnoð in K. 707.	
Æðelnoð	—		1005.	K. 714.	
———	—		1007.	K. 1303.	
Ælfnoð	—		1014.	K. 1309.	
———	—		1019.	K. 729, 730.	
Ethelnoth, al. Egelnoth	prior	Ch. Ch. Cant.	app. 1020.	D.	
Aluothus	abb.	Newminster	? 1021–1035.	D.	

HEADS OF RELIGIOUS HOUSES. 35

Name.	Title.	Monastery.	Date.	Ref.	Obs.
Æðelnoð	abb.		1026.	K. 743.	
Ægelnoth	— . .	Glastonbury .	app. 1053.	A. S. Chr.	
Egelnoth, al.					
Ailnothus .	— . .	——————.	——	D.	
Ægelnoð .	—		1055.	K. 801.	
Alfnotus	— . .	Newminster .	1057–1063.	D.	
Ælfnoðus .	—		1061.	K. 810.*	
Ægelnoðus	—		——	K. 811.	
——————	—		1062.	K. 813.	
Ælfnoð . .	—		1065.	K. 815.*	
Aselnodus .	—		——	K. 815.*	
Ædelnodus	—		——	K. 817.	
Athelnoth .	—		1065.	P. 24.	
Ægelnoth .	— . .	Glastonbury .	1066.	A. S. Chr.	
†Ægelnoð .	— . .	? .—— . . .	1060×1066.	K. 821.	
Æðelnoð .	—		——	K. 822.	
†Ægelnoð .	— . .	?	n. d.	K. 834.	
†Ailnodus .	— . .	? —— . . .	n. d.	K. 835.	
†Aylnoð . .	— . .	? —— . . .	n. d.	K. 835.	
†Ælnodus .	— . .	? —— . . .	n. d.	K. 836.	
†Ægelnoð .	— . .	? —— . . .	n. d.	K. 836.	
†Ailnod . .	— . .	? —— . . .	n. d.	K. 837.	
†Aylnoð . .	—		n. d.	K. 838.	
†Ailnodus .	—		n. d.	K. 838.	
Aylnoð . .	— . .	? —— . . .	temp. Edw. Conf.	Hickes, Thesaurus, p. 144.	
—————— . .	— . ,	? —— . . .	——	ibid., p. 160, 161.	
Ailnodus .	— . .	? —— . . .	——	ibid., p. 161.	
Aylnod . .	— . .	? —— . . .	——	ibid., p. 161.	
Ailnod . .	— . .	? —— . . .	——	ibid., p. 161.	
Ealnodus .	— . .	? —— . . .	——	ibid., p. 161.	
Ailnoð . .	— . .	? —— . . .	——	ibid., p. 162.	
Ailnodus .	— . .	? —— . . .	——	ibid., p. 162.	
Ægelnoð .	— . .	? —— . . .	——	ibid., p. 162.	
Aelnodus .	— . .	? —— . . .	——	ibid., p. 163.	
†Ailnodus .	— . .	? —— . . .	——	Hickes, Cat. of Charters in Wells Cath., p. 85, Nos. 2, 3, 4.	

ALPHABETICAL LIST OF

Name.	Title.	Monastery.	Date.	Ref.	Obs.
†Ailnothus	abb.	? Glastonbury	temp. Edw. Conf.	ibid., No. 6.	
†Ægelnothus	—	? ——	—	ibid., No. 7.	
†Egelnodus	—	? ——	—	ibid., No. 10.	
Ægelnoð	—		n. d.	K. 964.	
Ailnoð	—	? ——	n. d.	K. 976.	
Æþelnoþus	—	? Newminster	ob. iv. Non. Nov.	MS. Cott. Titus D. xxvii. f. 9.	Saxon Calendar.
Ælfnoðus a	—	? ——	ob. v. id. Dec.	ibid. f. 9 b.	
Ethelred	—	Bardney	7 cent.	D.; T.	King of the Mercians.
———	—	———	712–716.	D.	
Æthelredus	—	———	716.	K. 66;* Had. and St. Conc. iii., 298.	
Ethelredus	—	"Ludensis"	—791.	Chr. Mel.	app. Abp Cant.
Egelric I.	—	Croyland	975—2 Non. Aug. 984.	D.	
Egelric II.	—	———	984—Non. Mar. 992.	D.	
Æþelric	—	"æthet"	993.	K. 684.*	
Acgelric	—	Peterborough	app. Bp. Durham, 1042.	Le N.	
Agelricus	—	Middleton	1102.	D.	
Egelric	prior	Ch.Ch. Cant.	app. Bp. of Chester, 1058.	D.	
Ethelstan	abb.	Ramsey	1020–1043.	D.	cf. Ælfstan.
Æðelstanus	—		1020×1023.	K. 736.*	
Elstan	—	St. Aug. Cant.	1022–1047.	D.	
Æðelstanus	—		1022.	K. 734.	
Æðelstan	—		1042.	K. 763.	
Ethelstanus	—	Thorney	—1043.	D.	
Æthelstan	—	Abingdon	1044–1045.	D.	
Æðelstan	—		1045.	K. 776, 778.	
———	—		—	K. 781.	
Æthelstan	—		—	H., p. 30.	
———	—	———	ob. 1047.	A. S. Chr.	

a "Hic requievit abbas ælfnoðus honeste."

Name.	Title.	Monastery.	Date.	Ref.	Obs.
Eðilsuið	abbess		n. d.	L. V. D.	
Ætheldryth	—. .	Ely . . .	673.	A. S. Chr.	(foundress).
Etheldreda	—. .	—. . .	674.	D.	
	. —.	—.	ob. 23 Jun., 679.	D.	
Ætheldryth	—. .	—. .	. . ob. 679.	A. S. Chr.	
Etheldrida	—.	—. . . .	n. d.	Hyda, 11.	
Ætheldriða	—. .	(a Kentish monastery) . . .	696×716.	Had. and St. Conc. iii., 240.	
Eðilðryth (duæ) Edildryð Edilðryth	—		n. d.	L. V. D.	
Æðelðryða	religiosa		940.	K. 1136.	cf. Ælfðryð.
Ethelretha, Ethelritha. }	abbess	St. Mary's, Winchester	. 963—.	D.	
Egelwardus	abb. .	Glastonbury	. 956×972.	D.	
Athelwerd, al. Ethelwerd . .	—. .	Malmesbury	. 10 cent.	D.; W. Malm., G. Pont.	
Æthelwerdus . . .	—.	———	———	B.	
Ægelwardus . . .	—.	———		B.	
Egelward .	—. .	———	-	W.; D.	
Æthelwerdus. . .	—, .	————		B.	
Athelwerdus . . .	—. .	———		B.	
Ethelwerdus . . .	—. .	———		B.	
Æðelueard	—		980.	K. 624.	
†Æðelwardus . . .	—. .	———	982.	K. 632.	
†Æþelpardus . . .	—		———	P. 5.	
Æðelwerd .	—. . ?	———.	———	K. 632.	
——— (alter. . .	—. .		———	K. 632.	
Æðelweard	—		———	K. 633.	

Name.	Title.	Monastery.	Date.	Ref.	Obs.
Æðeluuerd	abb.		982.	K. 1278.	
Æthewcard	—			P. 5.	
Æðelweard	—		983.	K. 636, 638, 639, 1279.	
Æðeluueard	—			K. 1280.	
———	—		984.	K. 1282.	
———	—		985.	K. 1283.	
Ælfweard .	—			K. 650.*	
Æþelpeard .	—		987.	Hyda, 231.	
Ælfweard .	—		988.	K. 665; H., p. 32.	
Ælfwerd .	—		990.	K. 672.*	
Ælfweard .	—			K. 673.*	
——— .	— . .	Glastonbury .	993.	K. 684.*	
——— .	—			Hyda, 253.	
Ælfwerd .	—		994.	K. 687; H. p. 24.	
——— . .	—		995.	K. 692.	
Ælfuueard	—			K. 1289.	
———	—		996.	K. 696.	
Ælfuuerd .	—			K. 1292.	
Ælfweard .	— . .	Glastonbury .	997.	K. 698.	
——— .	—		998.	K. 700.	
Ælfwerd .	—		1001.	K. 706.	
Ælfuuerd .	—		1002.	K. 1295.	
Ælfwerdus	—			K. 1297.	
Ælfweard .	—			K. 707.	
Ælfweardus	—		1004.	K. 710.	
Ælfweard .	—		n. d.	K. 712, 713.	
——— .	—		1005.	K. 714, 1301.	
Ælfward .	—		1006.	K. 715.*	
Ælfuueard	—		1007.	K. 1303.	
Ælfweardus	—			K. 1304.	
Alfward .	— . .	Athelney . .	1009.	D.	
Ælfward .	—			K. 1306.	
Alward, al. Aylfward .	— . .	Evesham . .	1014–1034.	D.	
Athelward .	— . .	Athelney . .	1016.	D.	
Ælfweard .	—		1017.	K. 1313; Hickes, *Thesaurus*, i. 141.	
Ælfweardus	—		1022.	K. 734.	
Ælfwardus	—		1020×1023.	K. 735.*	

HEADS OF RELIGIOUS HOUSES.

Name.	Title.	Monastery.	Date.	Ref.	Obs.
Ælfward	abb.		1021×1023.	K. 736.	
Æðelweard	--		1023.	K. 739, 1318.	
Æþelweard	—		1024.	K. 741.	
Æðelwerd	—		1026.	K. 743.	
Egelward	—	. Glastonbury	1027.	D.	
Æþelwerd	—		1031.	K. 744.	
Æðeluucard	—		1032.	K. 746.	duo.
Ælfuuard	—		1033.	K. 751.	
Æðelunard	—			K. 751.	
Æðelweard	—		1035.	K. 1322.	
Æðelward	—		n. d.	K. 1324.	
Egelward	—	. Malmesbury	1041–1051.	D.; cf. B.	
Æðelward	—		1042.	K. 762.*	
Æðelwerd	—			K. 703.	
Æðelweard	--		1043.	K. 767.	
Æþelwerdus	—		1038×1044.	K. 769.	
Æðelweard	—		1044.	K. 772, 774.	
Æðelwerd	—		1045.	K. 776.	
Ælfward	—	. Evesham, and aft. Ramsey	app. Bp. London; ob. 25 Jul. 1045.	A. S. Chr.	
Ætheluuardus	—		1045.	K. 779.*	
Æþelwerd	—			K. 781.	
Egelwardus	—	. Glastonbury	1044×1047.	K. 785.*	
Ægelwerdus	—		1049.	K. 788.	
	—		1050.	K. 791.*	
Æðelweardus	—			K. 792, 793.	
Ægelperdus	—		1050.	Hickes, Dissertatio Epistolaris, 17.	
Æðeluuardus	—		1052.	K. 796.	
Ægelward	—	. Glastonbury	ob. 1053.	A. S. Chr.	
Æðelwig	—		1023.	K. 1318.	cf. Ælfwige, Ælfwine.
	—		1035.	K. 1322.	
Æþelwi	—		1044.	K. 772.	
Æðelwig	—		1045.	K. 778.	

ALPHABETICAL LIST OF

Name.	Title.	Monastery.	Date.	Ref.	Obs.
Æthelwig	abb.		1045.	H., p. 30.	
Ægelwig	—		1060×1066.	K. 822.	
Ægelwius	—		1066.	K. 825.*	
Egelwin	prior	Ch. Ch. Cant.	9 cent.	D.	
Agelwinus, al. Ethelwyn	abb.	Evesham	n. d.	D.	cf. Ælfwige, Ælfwine.
Æðeluninus	—		July 1012.	K. 1307.	
Eathelwynus	—		1013.	D., ii. 275.	
Aethelwinus	—		app. Bp. Wells, 1013.	Le N.	
Æthelwin, Adelwinus, al. Athelwin	—	Abingdon	1017–1030.	D.	
Æthelwine	—		app. 1018.	A. S. Chr.	
Æðelwine	—		1019.	K. 729.	
Æðelwinus	—		1022.	K. 734.	
Æþelwine	—		1021×1023.	K. 736.	
Æðelwinæ	—		1023.	K. 739.	
Æþelwine	—		1031.	K. 744.	
†Æðelwinus	—	Athelney	n.d.	K. 1324.	
Athelwin	—		after 1016.	D.	
Egilwin, Eluui, al. Aluuinus	—	Evesham	{ 1058–14. Kal. Mar. 1077. }	D.	
Ægelwinus	—		1060.	K. 809.*	
Ægeluin	—		1061.	K. 811.	
Ægelwinus	—		1062–1066.	K. 823.	
Aediluald	—	Melros	app. Bp. Durham, 724.	Le N.; cf. Smith's Beda, p. 252; A.D. 686, & p. 197, A.D. 696.	
Aethiluuald	—		723×737.	K. 83.	
Aetheluualdus	—		716×743.	K. 89.	
Athelwold	—	Evesham	8 cent.	D.	
Ætheluuoldus	—		774.	K. 121.	
Aðcluuoldus	—			K. 122.	

HEADS OF RELIGIOUS HOUSES. 41

Name.	Title.	Monastery.	Date.	Ref.	Obs.
Eðiluald	abb.		n. d.	L. V. D.	(rex.)
Athelwood	— .	. St. Aug. Cant. .	907–910.	D.	
Aðelwoldus	— .	. Abingdon . .	948.	K. 420.	
Ethelwold .	— . .	———— . .	?——	D.	
————	— . .	———— . .	954–963.	D.	
†Ædeluualdus —. .		———— . .	956.	K. 441.	
†Æðeluuoldus —. .		————	——	K. 1201.	
†Æðeluuold	— . .	———— . .	——	K. 1201.	
†Æðelwuoldus— . .		————	13 Feb.,956.	K. 1208.	
Æðelwold .	— . .	————	——	K. 1208.	
Athelwold .	—		956.	H. p. 26.	
Alfwold . .	—		——	H. p. 26.	
†Æðeluuoldus	—		n.d.	K. 1216.	
Æðelwold .	—		n.d.	K. 1216.	
Ælfwold .	—		959.	K. 479.	
Æðelwold .	—		——	K. 479.	
Alfpold . .	—		——	Hyda, 177.	
Aðclwold .	—		——	Hyda, 177.	
Ælfuuold .	—		——	K. 1221.	
†Æðeluuoldus	— .	———— .	——	K. 1221.	
Æðeluuold .	— .	————	——	K. 1221.	
Ælfwold .	—		17 May, 959.	K. 1224.	
†Æðeluuoldus	— .	————	——	K. 1224.	
Æðelwold .	—		——	K. 1224.	
————	. —		959.	K. 1225.	
Aþelwold .	—		960.	K. 481.	
Æðclwold .	—		——	K. 482, 1227, 1229.	
Æðeluuold .	—		——	K. 1228.	
Æðelwold .	—		961.	K. 1230, 1231, 1232.	
Aþelwold .	—		——	K. 487.	
†Æðeluuoldus	—		——	K. 1235.	
Æðeluuold .	—		——	K. 1236.	
Æþelwold .	—		962.	K. 489.	
Aðclwold .	—		——	K. 490.	
Æðeluuold .	—		——	K. 1238, 1240, 1241.*	
†Æðeluuoldus	—		——	K. 1239.	

G

Name.	Title.	Monastery.	Date.	Ref.	Obs.
Athelwold .	abb.		962.	Brit. Mus. Add. MSS. 4558, fol. 149.	
Æþelwold .	—		963.	K. 502.	
Athelwold .	—		app. Bp. Winchester, 29 Nov. 963.	A. S. Chr.	
Ælfwold .	—		963.	K. 503.	
Æðelwold .	—		——	K. 503, 1243.	
Atheweld .	—		——	H. p. 35.	
Alfwold . .	—		——	H. p. 35,	
Ælfuuold .	—		——	K. 1249.	
Æðeluuold .	—		——	K. 1249.	
Ædelwold .	—		——	Chr. Mel., app. Bp. Winchester.	
†Æðeluuoldus — .	.	Abingdon .	968.	K. 1266.*	
Æðelwold .	—		? 977.	K. 597.*	temp. Eadgari.
Ælfuuold .	—		980.	K. 624.	
Ælfwold .	—		982.	K. 633.	
Alfwold . .	— . .	" Wind." . .	993.	K. 684.*	
Ælfpold .	—		——	Hyda, 253.	
Ælfuuold .	—		996.	K. 696.	
Ælfwold .	—		[c. 999.]	K. 704.	
Alfwold . .	—		1001.	K. 705.	
Ælfwold .	—		1002.	K. 707.	
——— . .	—		n.d.	K. 712.	
Æðelwold .	—		1018.	K. 728.	
†Æðelwoldus	—		1019.	K. 729.	
Æðelwold .	—		——	K. 729, 730.	
Aðelwold .	—		1024.	K. 741.	
Alwold, al. Ethelwold }	— . .	Hulme . .	{ 1064–18. Kal. Dec. 1089. }	D.	
Ethelwold .	— . .	Farne (cell) .	n.d.	D.	
Athelwold .	— . .	Thorney . .	n.d.	D.	
Alfwordus, see Ælf—.					
Æthericus, see Edric (Endric) of Malmesbury.					
Æðeric . .	abb.		1019.	K. 729.	
Æthfrid, al. Echfrid .	— . .	Glastonbury .	—729.	D.	
Actte . .	abbess	[a Kentish monastery] . .	696 × 716.	Had. & St. Conc. iii. 240.	

HEADS OF RELIGIOUS HOUSES. 43

Name.	Title.	Monastery.	Date.	Ref.	Obs.
Afa . . .	abb.		1017.	K. 1313.	Hickes, *Thesaurus*, i.141.
Africianus, *see* Alfric (Ælfric) of Evesham.					
Agelricus .	abb. .	Middleton . .	—1102.	D.	*cf*. Æthelricus.
Agelyuo, *see* Elgiva (Ælfg—) of Shaftesbury.					
Ailmer, *see* Ælfmær.					
Ailnothus, *see* Egelnoth (Ætheln—) of Glastonbury.					
Alardus .	abb. .	Abingdon . .	835.	D.	
Albinus . .	abb. .	St. Aug. Cant. .	708–732.	D.	
———— .	—		710.		Smith's Beda, *Hist. Eccl.*, v. 21.
———— .	—		716.		Had. & St. *Conc.* iii. 301.
————	—		20 Feb. 732.	K. 77.	
Albercht .	presb. abb.		n.d.	L. V. D.	
Albrychtus .	abb.		966.	K. 523.* Hyda, 205, 323.	
Alchmund .	presb. abb.		n.d.	L. V. D.	
———— .	abb.		n.d.	L. V. D.	
Alcherind, Alcherund, *al*.Alchmund }	— . .	St. Aug. Cant.	920–928.	D.	
Alchsuið .	abbess		n.d.	L. V. D.	
Alchuini .	deac. abb.		n.d.	L. V. D.	
Aldbald . .	abb. .	Evesham . .	8 or 9 cent.	D.	
Aldbath . .	— .	———— . .	8 cent.	D.	
Aldberich .	—		787.	Had. & St. *Conc.* iii. 460.	
Aldbert . .	— . .	Glastonbury .	712.	D.	
†Aldberhtus .	—		————	K. 63.	
————	—		? 765.	K. 113.	
————	—		774.	K. 121, 122.	
Aldbertus .	—		————	K. 122.	
Albertus .	— . .	Ripon .	app. 786; *ob*. 787.	Chr. Mel.	
Alberht, *al*. Albertus	— . .	———— .	787.	D.	
Aldberht .	—		*ob*. 788.	A. S. Chr.	
Aldbore . .	— .	Evesham .	8 cent.	D.	

ALPHABETICAL LIST OF

Name.	Title.	Monastery.	Date.	Ref.	Obs.
Aldburg	abbess		n.d.	L. V. D.	
Aldfert	abb.	Evesham	8 cent.	D.	
Aldelmus, see Eadelm.					
Aldgyth	abbess		n.d.	L. V. D.	
Aldelmus, Aldhelmus	abb.	Malmesbury	[c. 675] ob. 25 May, 709.	Smith's Beda, *Hist. Eccl.*, v. 18; Will. Malm., G. Pont.; ruled 34 years.	
Aldhelmus	—		670.	K. 7.*	
†————	—		26 Aug., 675.	K. 11.*	
————	—		680.	K. 18.*	Scholasticus Archiepiscopi Theodori.
Aldelm	—		681.	K. 20.*	
†Aldelmus	—		————	K. 22,* 23.*	
†————	—		30 Jul. 685.	K. 26.*	
†————	—		Aug. 688.	K. 28.*	
†————	—		19 Aug. 688.	K. 29.*	
Aldhelmus	—		688.	K. 994.*	
†————	—		Aug. 688.	P. 16.	
†————	—		14 Sep. 688.	P. 17.	
†————	—		692.	K. 995.	
†————	—		699.	K. 46.*	
†————	—		701.	K. 48.*	cf. K. 50, 51.
Aldelmus	—		————	K. 997.*	
†Aldhelmus	—		7 Kal. Jun. 704.	P. 18.	
†Aldhelm	—	Malmesbury	675×705.	Had. & St. *Conc.* iii. 267.	
†Althelm	—	————	705.	*ibid*, 268.	
†Aldhelmus	—		————	P. 20.	
Aldhelm	—		708.	Beda, H. E. v. 18.	
————	presb. abb.		n.d.	L. V. D.	
†————	abb.	————	745.	P. I.	
Aldhelm II.	—	————		B.	
Aldhelm II.	—	————	746.	D.	
Adelm, al. Aldelm	—	————	————	W.	

HEADS OF RELIGIOUS HOUSES.

Name.	Title.	Monastery.	Date.	Ref.	Obs.
Aldhunus	abb.	Wimborne	729 × 741.	Had. & St. Conc. iii. 342.	
Aldhumus, *al.* Aldhunus	—	St. Aug. Cant.	748–760.	D.	
Aldhuun	—		762.	K. 110.*	
Aldhunus	—	Glastonbury	824 × 912.	D.	
Ald—, *see also* Eald—					
Aldred	prior	Westminster	–675.	D.	
———	presb. abb.		*n.d.*	L. V. D.	
———	abb.		c. 840.	K. 243. *cf.* Ealdred.	
Aldredus	—		866.	K. 291.	
Aldred	—		—	K. 292.	
Aldwinus } Aldevinus }	—	{ Peartaneu, *i.e.* { Partenay	} 643. } 7 cent.	Smith's Beda, *Hist. Eccl.*, iii. 11; D.	
†Aldwinus	—	———	679.	Had. & St. Conc. iii. 128.	
Alduini	—		*n.d.*	L. V. D.	
Aldulph, *see* Ealdulf.					
Aldwulf, *see* Eadulf.					
Alemundus	abb.		787.	Had. & St. Conc. iii. 460.	
Alf—, *see* Ælf—, Æthel—.					
Alfgyð, *see* Ælfgyð, of Wilton.					
Alfinus, *see* Elsinus of Hulme.					
Alfred, *see* Ælfric.					
Alfwic	abb.	St. Mildred's, Canterbury	*n. d.*	D. VI. 1619.	
Alicia	abbess	St. Mary's, Winchester	—1084?	D.	
Altsig	abb.	[York]	849 × 854.	Had. & St. Conc. iii. 635.	
Altsuith	abbess		*n.d.*	L. V. D.	
Alubercht	abb.		*n.d.*	L. V. D.	
Aluburg (*tres*)	abbess		*n.d.*	L. V. D.	
Aluchburg	———		*n.d.*	L. V. D.	
Alw—, *see* Ælfw—.					
Ambertus	abb.	"Ripadii"	26 May, 833.	K. 233.*	
Ambrius	—	Amesbury		T.	? a British abbot.
Arnewinus } Arnwius } *see* Erwinus (Earwini) of Peterborough.					

Name.	Title.	Monastery.	Date.	Ref.	Obs.
Asige	abb.		973.	K. 233.*	
Asserius	—.	Banwell	? c. 880.	D.	
Awa	—		1019.	K. 729.	

Aykward, see Egelward (Æthelweard) of Glastonbury.

B.

Bacga	presb. abb.		n.d.	L. V. D.	
———	abb.		n.d.	L. V. D.	
Bacola	—		775.	Hickes, Thesaurus, i. 171.	
———	—		777.	K. 131.	
———	—		778×781.	K. 146.	
———	—		778×785.	K. 148.*	
Bada	—		n.d.	L. V. D.	
Badu	abbess		n.d.	L. V. D.	
Badugyth (duæ)	—		n.d.	L. V. D.	
Badusuið (duæ)	—		n.d.	L. V. D.	
Beagmund.	presb. abb.		805×831.	K. 225.	
Bægmund	———		837.	K. 238.	
———	———		838.	K. 240.	
Baegmund.	—et—		839.	K. 241.	
Baere	abb.		759×765.	K. 114.	
Baldhere	presb. abb.		n.d.	L. V. D.	
Balduini	———		n.d.	L. V. D.	
Baldewinna	abb.		1060.	K. 809.*	
Baldewinus	—		1066.	K. 825.*	
†Baldewine.	—.	? Bury	n. d.	K. 874.	
†Baldewyne	—.	? ———	n. d.	K, 875.	
†Baldewine.	—.	? ———	n. d.	K. 881.	
†Baldewinus	—.	Bury	temp. Edw. Conf.	Hickes, Cat. of Bp. More's A. Sax. MSS. Reg. Chartt. No. 10.—Charter of appointment.	
Baldwin	—.	———	1065-1097.	D.	

HEADS OF RELIGIOUS HOUSES. 47

Name.	Title.	Monastery.	Date.	Ref.	Obs.
Baldwine	abb.	Bury	ob. 1098.	A. S. Chr.	
Balthunus	—	Kemescy	799.	D.; T.	
† ———	—	———		K. 176.*	
†Balthun	—				
[†Balthunus	—		c. 802.	K. 181.	dioc. Wigorn.]
Bass	mass priest.	Reculver	669.	A. S. Chr.	(founder).
Beadheard	abb.		n.d.	L. V. D.	
Beodufrith	—		n.d.	L. V. D.	
†Beadufridus	abb.	Selsey	714.	K. 999.	
Beadulf	—	Glastonbury	797.	K. 1017.*	
Beadwlf	—	———	8 cent.	D.	
Bealuulf	—		26 May, 704.	K. 50.*	
Beatrix	abbess	St. Mary's, Winchester	11 cent.	D.	
Bectane	abb.	St. Aug. Cant.	902-907.	D.	
†Bectunus	—		n.d.	K. 104.	rec. in 759.
†Bectune	—		n.d.	K. 104.	
†Bectunus	—	Mon. near Shaftesbury	759.	Hickes, Cat. of S.D'Ewes Charters, p. 307, No. 27.	
Beglocus	🐎.		755×757.	K. 100.	
†Behstauus	abb.	" Civitas Victoriæ "	957.	K. 466.	
Benedict	—		ob. 482.	A. S. Chr.	
———, St.	—		ob. 509.	A. S. Chr.	
Benedict Biscop	—	Wearmouth	674-690.	D.	see his life by Beda.
Benignus (St.)	—	Glastonbury	5 or 6 cent.	D.	
Benna, see Beonna of Peterborough.					
Beocca	abb.	Chertsey	late 9 cent.	D.	
Beonna	—	Medeshamsted	(775).	A. S. Ch.	temp. Offa; 755-796.
———, al. Benna	—	——— ———	793.	D.	
Beonna	—		789.	K. 155, 157.	

Name.	Title.	Monastery.	Date.	Ref.	Obs.
Beonna . .	abb.		May, 792.	K. 101.*	
Benna . .	— . .	Medeshamsted	793.	K. 163*.	
†Beonna . .	— . .	———————	786×796.	K. 165.	
——— . .	—		———	K. 165.	
——— . .	—		791×697.	K. 166, 167.	
——— . .	—		796.	K. 172,* 173.*	
——— . .	—		798.	K. 175.	
——— . .	—		799.	K. 1020.	
——— . .	—		799×802.	K. 116.	
——— . .	presb. abb.		803.	K. 185.	
——— . .	———————		12 Oct., 803.	K. 1024.	dioc. Legorensis.
——— . .	———————		before 805.	K. 101.	
——— . .	abb.		805.	Had. & St. Conc. iii. 558.	
Beonnu . .	abbess		n.d.	L. V. D.	
Beorhtelin	abb.		Non. Nov. 804.	P. 19.	? for 844, see next entry.
Beorhtelm .	— . .	? Malmesbury .	5 Nov. 844.	K. 1018.	?=Brihtelm.
Berchtred .	presb. abb.		n.d.	L, V. D.	
——— .	abb.		n.d.	L, V. D.	
Beorthred .	— . .	Glastonbury .	984×1027.	D.	
Brightred .	—		1013.	K. 1308.*	
Beorhtræd .	—		1014.	K. 1309.	
——— .	—		1015.	K. 1310.	
Biorhsige .	—		20 Jun. 931.	K. 1103.	
Biorhtsige .	—		12 Nov. 931.	K. 353.	
Burhsige .	—		931.	K. 357.	
Byrhsige .	—		———	K. 1104, 1105.	
Beorhsige .	—		30 Aug. 932.	K. 1107.	
Byrhsige .	—		932.	K. 1108.	
Biorhtsige .	—		15 Dec. 933.	K. 363.	
Beorn . .	—		n.d.	L. V. D.	
Beornes .	—		758.	K. 103.	
——— . .	—		———	P., No. 2.	
Beornfrithus	—		720.	K. 76.	
Beornfrith . .	—		n.d.	L. V. D.	
Beornfrið .	presb. abb.		n.d.	L. V. D.	
Bernguidi .	abbess	Bath . . .	680.	D.	

HEADS OF RELIGIOUS HOUSES. 49

Name.	Title.	Monastery.	Date.	Ref.	Obs.
†Bernguidis	abbess.		Oct. 681.	K. 21.*	
Beorngið	—		n.d.	L. V. D.	
Beorngyth (quatuor)	—		n.d.	L. V. D.	
Beornheah	clericus et abbas		875.	K. 307.	
Beornheard	abb.		n.d.	L. V. D.	
Biornhelm	—		26 May 823.	K. 217.	
Biarnhelm	presb. abb.		831.	K. 228.	
Beornhelm	abb.		836.	K. 237.	
Biarnhelm	presb. abb.		867.	K. 294.	
Biornhelm	abb.		871.	K. 301.	
Beornhelm	presb. et abb.		875.	K. 307.	
————	abb.		871×889.	K. 317.	
————	—		89?.	A. S. Chr.; Flor. Wigorn.	
Beornelm	—		901.	Hyda, 97.	
Byrnelm	—			ibid, 116.	
Beornhelm	—		903.	K. 336.*	
Brinhelm	—		901×909.	K. 1087.	
Beornhelm	—	St. Aug. Cant.	939–942.	D.	
Beornred	—		858.	K. 1058.	
Beornuuald	—		26 May, 704.	K. 50.*	
Beornuini	—		n.d.	L. V. D.	
————	deac. abb.		n.d.	L. V. D.	
Biarnulf	presb. abb.		863.	K. 288.	
Berchtae	abbess.		n.d.	L. V. D.	
Bercthun	abb.	"in dera unda"	n.d.	Beda, H. E. v. 2, 3, 4.	in silva derorum, near Hexham.
Berchthun	deac. abb.		n.d.	L. V. D.	
Bercthun, al. Bertinus	abb.	Beverley	733.	D.	
Berhtinus (St.)	—		ob. non. Sept.	MS. Cott. Titus, D. xxvii, f. 7.	Saxon Calendar.
Berhtmund	—		12 Oct. 803.	K. 1024.	dioc. Sciraburn.
Berred		see Beorhtred of Glastonbury.			

H

Name.	Title.	Monastery.	Date.	Ref.	Obs.
†Bertana	abbess		6 Nov. 676.	K. 12.	
———	—	Bath	676.	D.	
Berchtuulf (*duo*)	abb.		*n.d.*	L. V. D.	
Berctŏryth	abbess.		*n.d.*	*ib.*	
Berhtŏryð	—		*n.d.*	*ib.*	
Berctfled	—		*n.d.*	*ib.*	
Berctgyth	—		*n.d.*	*ib.*	
Berhtgið	—		*n.d.*	*ib.*	
Berctsuið	—		*n.d.*	*ib.*	
Berctuarn	—		*n.d.*	*ib.*	
Bertinus	*see* Bercthun of Beverley.				
Bettu	abbess.		*n.d.*	*ib.*	
Bewmundus	abb.	St. Aug. Cant.	866–874.	D.	
Billing(*duo*)	—		*n.d.*	L. V. D.	
Bilsuið	abbess.		*n.d.*	L. V. D.	
Biscopus	abb.		*n.d.*	L. V. D.	*cf.* Benedict.
Blaedsuith	abbess.		*n.d.*	L. V. D.	
Blakere	abb.	Rumburgh	1064×1070.	D.	
Boisilus	—	Melrose	*ob.* 664.	*Flor. Wigorn.*	
Boldred	—		866.	K. 291.	
Bosa	—		*n.d.*	L. V. D.	
Bothild	abbess.		*n.d.*	L. V. D.	
Botunini	abb.		764.	K. 111.*	
Botunine	—		? 765.	K. 113.	
Botuuiuns	—		774.	K. 121, 122.	
Botuuine	—		775.	Hickes, *Thes.*, i. 171.	
———	—		777.	K. 131.	
———	—		775×778.	K. 134.	
———	—		779.	K. 137.	
Botuuinus	—		778×781.	K. 145.*	
———	—		769×785.	K. 150.*	
Bôtwine	—	Ripon	785.	A. S. Chr.	
Bothwiuus, Botuune, *al.* Botwine	—	———	78⅔.	D.	
Bothwinus	—	———	*ob.* 786.	Chr. Mel.	
Boduninus	—	Peterborough	787.	Had. and St. *Conc.* iii., 460.	
Boduine	—		788.	Hickes, *Thes.*, i. 172.	

HEADS OF RELIGIOUS HOUSES. 51

Name.	Title.	Monastery.	Date.	Ref.	Obs.
Boduinc	abb.		789.	K. 156.	
Botwine	—		808.	K. 193.*	
Botuini	presb. abb.		n.d.	L. V. D.	
Botuulf	———		n.d.	L. V. D.	
Botulphus	abb.	Icanhoc. al. Ycanno, co. Linc.	651-654.	D.	
Botulf	—	Icanhô	fund. 554.	A. S. Chr.;	Flor. Wigorn., etc.
Brand	—	Peterborough	1066–ob.1069.	A. S. Chr.	
Brand, al. Brando	—		1066–5 Kal. Dec. 1069.	D.	
Brand	—		n. d.	K. 963.	
Bregoretd	—	Glastonbury	7 cent.	D.	
Bressal	presb. abb.		n.d.	L. V. D.	
Bryhteh	abb.		970.	K. 1270.	
Brihteah	—		972.	K. 570,* 574.*	
———	—		974.	K. 585.*	
Erihteah	—		———	H. p. 50.	? for Brihteah.
Brichtegus	—	Pershore	1032.	K. 748.*	
Brichtegus Brihteagus Brihteh, al. Brithegus	—	———	occ.1032-1033. ob. 13 Kal. Jan., 1038.	D.	
Brictegus Brihtegus Brihteagus Brihteh	—	———	app. Bp. Worcester, 1033.	Le N.	
Brithgiva	abbess	Wilton	late 10 cent.	D.	
Brechtelm	abb.	Malmesbury	10 or 11 cent.	D.; W.	
Brihelmus	—	———		B.	
Brihtelmus	—	———		W. Malm., G. Pont.	
Byrhthelm	—	Exeter	993.	K. 684.*	
Brichtelm	—		994.	K. 686.*	
Brihtelm	—		———	K. 687; H. p. 24.	
Bribthelm	—		995.	K. 692.	
Byrthelm	—		———	Hyda, 253.	
Brihtelm	—		———	K. 1289.	
Byrhtelm	—		996.	K. 1202.	
———	—	———	997.	K. 698.	
———	—		c. 999.	K. 704.	
Brithmarus	—	Evesham	n. d.	D.	

Name.	Title.	Monastery.	Date.	Ref.	Obs.
Brichmerus, al. Brithmerus	abb.	Newminster	1008–1021, 32.	D.	
Brihtmær	—		1012.	K. 719.	
Brihtmer	—		1013.	K. 1308.*	
Brihtmær	—		1014.	˙ K. 1309.	
Bryhtmær	—		1015.	K. 1310.	
Brihtmerus	—		1016.	K. 723.*	
Brihtmær	—		1018.	K. 728.	
Brihtmer	—		1019.	K. 730.	
Byrhtmær	—			Hyda, 326.	
Brichtmer, al. Brithmer	—	Croyland	{ 1019–1032—7 / id. Apr. 1048. }	D.	
Brithmær, (duo)	—		1023.	K. 737.*	
Byrhtmær	—		1024.	K. 741.	
Byrhtmer	—		1026.	K, 743.	
Brihtmær	—		1031.	K. 744.	
†Brihtmerus	—	——	1032.	K. 748.	
Brihtmær	—		1052.	K. 956.	
Brihtnoð	—	Ely	963.	A. S. Chr.; ob. iii. id. Mai. Brithnodus primus abbas hujus ecclesiæ.—Ancient calendar, in 'Hist. Elien.' Trin. Coll. Cambr., MS. O. 2. 1.	
Brithnoð	prior	Winchester	before 970.	D.	
Brithnoð, al. Brithnoth	abb.	Ely	970–981.	D.	
Bryhtnoð	—		970.	K. 1270.	
Brihtnod	—		972.	K. 570.*	
Brihtnoð	—			K. 574.*	
Beorhtnoð	—		980.	K. 624.	
———	—		982.	K. 633.	
Byrhtnoð	—			K. 1278.	
Byrhtnoþ	—	——	993.	K. 684.*	
Beorthnoþ	? —			Hyda, 253.	
Bryghtnoð	—		995.	K. 689, 690.	
Byrhtnoð	—			K. 691.	
Brihtnoð	—			K. 1289.	
———	—		996.	K. 696.	

HEADS OF RELIGIOUS HOUSES. 53

Name.	Title.	Monastery.	Date.	Ref.	Obs.
Byrhtnoð	abb.		996.	K. 1292.	
—	—		n. d.	K. 712, 713.	
Brichtnoð	—		1019.	K. 730.	
Byrhtnoð	—		n. d.	K. 1352.	
Byrhrige	—		932.	Hyda, 130.	
Brihtrig	—		1018.	K. 728.	
—	—		1019.	K. 729.	
Brihtricus	— . .	Malmesbury	n. d.	Will. Malm., G. Pont.	
Brithric	— .	————	1059–c. 1066.	D.	
†Brihtricus	— . .	————	1065.	K. 817.	
—	— . .	————	—	K. 817.	
†Brithricus	—		———	P. 24.	
Brihtricus	—		———	P. 24.	
Bryhtric	—			K. 964.	
Brithstanus	prior	Westminster	785.	D.	
Brihstan	abb.		1012.	K. 719.	
Brithunus,	see Bercthun of Beverley.				
Berthwald	abb.	Glastonbury	670.	D.	
†Beorhtuualdus	. . —		670.	K. 7.*	
†Brytualdus	—		Jul. 689.	K. 30.*	
Berhtuualdus	. . —		n. d.	K. 40.*	
Berthwald, al. Brithwold	— . .	Reculver . .	679–690.	D.	
Brictwald	— . .	———— . .	elected Abp. Cant. 692.	Annales Roffenses.	
Berhtuald	— . .	———— . .	app. Abp. Cant., 1 July 692.	Le N.	
Brihtwold	— . .	———— . .	———	A. S. Chr.; cf. Smith's Beda, Hist. Eccl., v. 8.	
†Beorhtuualdus	. . — . .	Glastonbury	Jun. 702.	K. 49.*	
Beorwaldus	— . .	———— .	702.	Hickes, Codex Anglo-Sax. penes Vicecom. de Weymouth, p. 283.	
———	— . .	———— .	705.		
Berwald	— . .	———— .	705–712.	D.	
†Beorwald	— . .	———— .	710×716.	Had. & St. Conc. iii. 296.	

ALPHABETICAL LIST OF

Name.	Title.	Monastery.	Date.	Ref.	Obs.
Beorŏwald.	abb.		858.	K. 1058.	
Brithwold.	prior	Winchester	970—c. 1006.	D.	
Brihtwold.	abb.		984.	K. 643.*	
Brightwoldus...	—	Newminster	995-1008.	D.	
Byrhtwoldus..	—		1004.	K. 710.	
Byrhtwold	—		1005.	K. 714, 1301.	
Brihtuuold	—		1007.	K. 1303.	
Brihtwoldus...	—		——	K. 1304.	
Brihtuuold	—		1008.	K. 1305.	
Brihtwald.	—		1009.	K. 1306.	
Byrhtpoldus	—		ob. xvi. Kal. Apr. 1012.	MS. Cott. Titus D. xxvii. f. 4b, 15b.	Saxon Calendar.
Brihtuuoldus...	—		Jul. 1012.	K. 1307.	
Byrhtwold.	—		1019.	Hyda, 326.	
Brihtwoldus [I]. .	—	Malmesbury.	n.d.	Will Malm., G Pont.; B.	
Britchwold I.	—	———	11 cent.	D.	
Brihtwold II.	—	———	n.d.	W.	
Britchwold II...	—	———	—	D.	
Brihtwoldus [II.]	—	———	—	Will. Malm.,G. Pont.	
Britchwold III...	—	———	1052-1059.	D.	
Brithuin.	—		706.	K. 57.	
Brithwin.	—	Glastonbury	984×1027.	D.	
Brihwig.	—		1019.	K. 730.	
Byrhtpig.	—		——	Hyda, 326.	
Bryhtwig.	—		1022.	K. 734.	
Brihtwig.	—		1021×1023.	K. 736.	
———.	—		1023.	K. 737.*	
Brihtwine.	—		——	K. 737.*	
Byrhtwy.	—		——	K. 739.	
Brihtwig.	—		1021×1024.	K. 740.	

HEADS OF RELIGIOUS HOUSES. 55

Name.	Title.	Monastery.	Date.	Ref.	Obs.
Briðwi	abb.		n.d.	K. 1324.	
Brond, see Brand of Peterborough.					
Bruning	abb.		n.d.	L. V. D.	
Brunus	—		761.	K. 106.*	
—	—		25 May 761.	K. 107.*	
Bruno	—		759×765	K. 114.	
Bucga	—	"sanctimonialis."	736×737.	Had. & St. Conc. iii., 301.	permission to build a monastery.
Bugga	abbess.		ob. vi. Kal. Jan. 759× 765.	ibid. 399.	
Buna	abb.		742.	K. 87.	
—	—		n.d.	L. V. D.	
Burgðryð (duæ)	abbess.		n.d.	L. V. D.	
Burghelm (duo)	abb.		n.d.	ib.	
Burgsuith	abbess.		n.d.	ib.	
Buriana	"holy woman".	St. Burian's	n.d.	Leland; T.; D.	

C.

†Catmualus	abb.		759.	K. 104.	
Ceadda	—	Lestingeham	664.	D.	Beda, H. E. iii. 24.
—	—.	————	669.	D.	
Kenulph	—.	Croyland	716–c. 793.	D.	
Cênulf, al. Cênwulf	—		ob. 905.	A. S. Chr.	Flor. Wigorn., etc.
Kenulf	—		990.	K. 672.*	
—	—.	Burh	993.	K. 684.*	
Kenulf	—.	Peterborough	app. 992.	A. S. Chr.	aft. Bp. Winchester.
—	—.	————	ob. 1006.	—	
Kenulfus	—.	————	992–1006.	D.	
Ceanulf	—		995.	K. 1289.	

ALPHABETICAL LIST OF

Name.	Title.	Monastery.	Date.	Ref.	Obs.
Kenulf	abb.		996.	K. 696.	
Keanulf	—.	" Burg "	997.	K. 698.	
Kenulf	—		999.	K. 703.	
———	—		1000.	K. 1294.	
———	—		1001.	K· 705.	
Keanulf	—		1002.	K. 707, 1295.	
Kenulfus	—			K. 1297.	
Keanulfus	—		1004.	K. 710.	
Kenulf	—		1005.	K. 714, 1301.	
———, al. Elsius	—.	Peterborough	app. Bp. Winchester 1005; ob. 1009.	Le N.	

Kenberg, see Kyneburga (Cyneburga) of St. Peter's, Gloucester.
Kengillus, see Cingislus of Glastonbury.

Name.	Title.	Monastery.	Date.	Ref.	Obs.
Kensyn.	prior	Ch. Ch. Cant.	9 or 10 cent.	D.	
Ceolbercht.	presb. abb.		n.d.	L. V. D.	
Ceolbert	abb.	St. Aug. Cant.	894–902.	D.	
Ceolburga	abbess.	Berclea.	793.	K. 163.*	cf. K. 186.
Ciolburga	—.	———	804.	Had. & St. Conc. iii. 348-9.	
Ceolburh	—.	———	ob. 805.	A.S.Chr. (i.e. 807.) Flor. Wig.	
Ceolðryth	—		n.d.	L. V. D.	
Ceolfridus	abb.	Wearmouth	682, 5, 689, 690.	Smith's Beda, pp. 205, 206, 208, etc.	
———	—.	———	c. 701.	Tiberius A. xv. 50; Had. & St., Conc. iii. 248.	
Cheolfridus	—.	———		Had. & St., Conc. iii. 240.	
Ceolfridus	—.	"Giruum" "SS. Peter and Paul."	682.	Flor. Wig.	
———	—.	app. to Wearmouth also	687.	ibid.	
———	—		ob. vii. Kal. Oct. 716.	ibid.	
†Ceolfrid, al. Ceolfridus	—.	Wearmouth	c. 710.	Had. & St. Conc. iii. 285. Beda, H. E. v. 21.	
Ceolfrid	—.	Jarrow	716.	D.	

HEADS OF RELIGIOUS HOUSES. 57

Name.	Title.	Monastery.	Date.	Ref.	Obs.
Ceolfridus .	abb.	late of Wear-mouth . . .	——	Had. & St. *Conc.* iii. 299.	
Coolfrid .	presb. abb.		n.d.	L. V. D.	
Ceolmund .	abb.		12 Oct. 803.	K. 1024.	dioc. Selesigensis.
†Ceolnodus .	—		787.	K. 151.	
Ceolnoth .	prior .	Ch. Ch. Cant.	c. 825.	D.	
Selredus .	—	Westminster .	744.	D.	
Celredus .	abb. .	Peterborough .	occ. 806, 852.	D.	
———— .	— .	Medeshamsted	806.	K. 192.*	brother of Siward,q.v.
Coorred . .	— .		25 Dec. 841.	K. 247.	
Ceolred . .	—		————	K. 248.*	
Coorred .	—		841.	K. 251.	
†Ceolred . .	—		852.	K. 267.	
†———— . .	— .	———— .	—	K. 267.	
———— .	— . .	———— .	—	A. S. Chr.	
Cilla, *al.* Cissa . .	abbess.	Helenstow, Berks . . .	c. 690.	T.	foundress.
Cingislus, *see* Cyne—.					
Clemens .	abb.		956.	H. p. 26.	
———— .	—		959.	K. 479.	
Cneuburg, *al.* Coenburga, *see* Cu—					
Coeugilsus, *see* Cyne—.					
Conanus, *see* Cumanus of Abingdon.					
Congellus .	abb.	Bancornaburgh	530.	D.	
Cotta . .	—		13 Jun. 704.	K. 52.	
Credanus .	— .	Evesham . .	8 cent.	D.	
Creda	—		775.	Hickes,*Thesaurus*,i. 171	
————	—		777.	K. 131.	
———— . .	—		778–781.	K. 146.	
Cudaman, *see* Cum—					
Cudd . .	abb.		772.	K. 120.	
———, .	—		775×778.	K. 134.	
Cudda . .	—		687.	Smith's Beda. p. 256.	
———— .	—		n.d.	L. V. D.	
Cuduald .	— .	Undalum, Oundle, co. Northt.	709.	Smith's Beda, *Hist. Eccl.* v. 19; p. 208.	
Cuoemlieu .	abbess.		n.d.	L. V. D.	

I

ALPHABETICAL LIST OF

Name.	Title.	Monastery.	Date.	Ref.	Obs.
Cneuburg	abbess.	Wimburne.	729×744.	Haddan & Stubbs *Concilia*, iii. 342.	
Cneuberga	— . .	————	————		
Cœnburga.	— . .	————	————		
Quænburga	— . .	————	8 cent.	D.	*cf.* Cyneburga.
Cuoenburg.	—		1 Aug. 811.	K. 196.	
————	—		*n.d.*	L. V. D.	
Cuoenðryth (*duæ*) . .	—		*n.d.*	L. V. D.	
Cuoendryth	—		*n.d.*	L. V. D.	
†Cwoenðryðn	—		825.	K. 220; Had. & St. *Conc.* iii. 594–5.	
†Cwœnthrytha	—			Had. & St. *Conc.* iii. 598–600.	
†Cwœnthryth	—				
†Cwoenðryð ⎫ Cwoenthryth. ⎭	—			K. 220.	
Cufa . . .	abb.		12 Oct. 803.	K. 1024.	dioc. Winton.
Cumma .	— . .	Abingdon .	725×737.	K. 81.*	
Cumanus, *al.* Conanus .	— . .	———— . .	—784.	D.	
Cuman . .	— . .	Glastonbury .	8 cent.	D.	
Cudaman .	—		805.	K. 189.	
Cumbertus, *see* Tumbertus of Glastonbury.					
Cunred . .	abb. .	St. Aug. Cant.	803–823.	D.	
†———— . .	—		804.	K. 187.	
Cunuberhtus	—		26 Aug. 675.	K. 11.*	
†Cuniberhtus	—		744.	K. 92.*	
————	—		*n.d.*	K. 104.	rec. in 759
Cusa . .	—		757.	K. 102.*	
Cusanus .	—		775.	Hickes, *Thesaurus*, i. p. 171.	
———— .	—		777.	K. 131.	
Cusa . .	—		778×785.	K. 148.*	
Cuthbald .	— . .	Medeshamsted	656.	A. S. Chr.	
Cuthbaldus	— . .	———— .	673.	D.	
Cuthbald .	— . .	———— .	680.	A. S. Chr.	
Cuðbaldus.	— . .	———— .		K. 990.*	
Cuðbald .	— . .	———— .		K. 990.*	
Cuthbaldus	— . .	———— .	*c.* 690.	T.	

HEADS OF RELIGIOUS HOUSES. 59

Name.	Title.	Monastery.	Date.	Ref.	Obs.
Cuthbergh	abbess	Barking...	temp. Ini. Regis.	D.	
Cuthberga, al. Cuthburga	—.	Wimburne.	{ 705, 713. 713, 718. }	D.	
Cuthburg.	—..	————.	c. 718.	A.S.Chr.	Flor. Wig.
(duæ)..	—		n.d.	L. V. D.	
Cuthbert(St.) abb.	.	Farne (cell.).	n.d.	D.	
†Cuðbertus.	—..	Canterbury.	741.	K. 1003.	Archiep. tunc abbas.
Cuthbert.	—..	Liming...	before 742.	D.	
————.	—..	Malmesbury.	780.	D.; Will. Malm., G. Pont.; W.	
†Cuthbeorhtus—..		————.	796.	K. 174.*	
Cuthbercht	deac. abb.		n.d.	L. V. D.	
Cuðberht.	abb.		12 Oct. 803.	K. 1024.	dioc. Winton.
Cuthere.	deac. abb.		n.d.	L. V. D.	
Cuthfrith.	presb. abb.		n.d.	L. V. D.	
Cuthgar.	abb.		n.d.	L. V. D.	
Cuthred.	—		723 × 737.	K. 83.	
Cuthræd.	—		742.	K. 87.	
Cuthredus.	—		716 × 743.	K. 89.	
Cuðred..	—		12 Oct. 803.	K. 1024.	dioc. Hereford.
Cuthuini.	—		n.d.	L. V. D.	
Cutulf..	—..	Evesham..	8 or 9 cent.	D.	
Cuðwulf.	presb. abb.		814.	K. 207.	
————.	abb.		30 Sep. 824.	K. 218.	
————.	—		825.	K. 219.	
————.	presb. abb.		————	K. 220.	
†Cutsuida.	abbess		? 693.	K. 36.	
†————.	————.	? Worcester.	c. 692.	Hickes, Thes. i. 169, 170; and his Cat. of Charters in Worc. Cath., p. 309, No. 2.	
†————.	————		704 × 709.	ibid., No. 3.	
Cyma..	abb.		860 × 865.	K. 289.*	
Cinathus, al. Cinatus	—..	Abingdon.	{ 815. 830. }	D.	
Kynach, &	—..	Evesham	9 or 10 cent.	D.	
Kynath..	—..	————	. ————	D.	

Name.	Title.	Monastery.	Date.	Ref.	Obs.
Cynað	abb.		9 Sep., 915 × 922.	K. 343.*	
†Cynaðus	—		930.	K. 346.*	
Cynibald	—		n.d.	L. V. D.	
Cynibercht.	presb. abb.		n.d.	L. V. D.	
————	abb.		n.d.	L. V. D.	
————	—	Redbridge, or Hreutford, i.e. Vadum Hirundinis.	c. 680.	Beda, H. E. iv. 16.	
Cymberth	—			Leland.	
Cyniberct, al. Cimberth	—			D. vi. 1619.	
Cynoberhtus	—		755 × 757.	K. 100.	
Kynebertus	—	St. Aug. Cant.	874–879.	D.	
Cynobertus	—	Malmesbury	10 or 11 cent.	B.	
Cyniburga	abbess	" Cyniburgense mon."	664.	K. 984.*	
Kyneburga	————	St. Peter's, Glouc.	681–710.	D.	
Kinneburga (St.) al. Kyneburga	————	Caistor, or Dormanchester	mid. 7 cent.	D.; T.	
Cyniburg (tres)	—		n.d.	L. V. D.	
Cynidegn	presb. abb.		n.d.	L. V. D.	
Coengilsus	abb.	[Glastonbury]	729 × 744.	Had. & St. Conc. iii. 342.	
Cingislus	—	Glastonbury	729–744.	D.	
Cynegyslus	—		737.	K. 1002.*	
Cynigils	—		n.d.	L. V. D.	
Cynigyð	abbess		n.d.	L. V. D.	
Cyniheard	presb. abb.		n.d.	L. V. D.	
†Cyneuuara.	abb.	? Canterbury	835.	K. 1043.	
Kineard	—	Middleton	app. 964.	Chr. Mel.	
Cyneweard	—			A. S. Chr.	Afterwards Bp. Wells.
————, al. Cyneward, al. Kyneward	—		{ 964–974. 973.	D. D.	
Kineward	—		28 Dec. 964.	K. 514* (vi. 207.)	
Kineuuardus	—		3 Jun. 966.	K. 519.*	

Name.	Title.	Monastery.	Date.	Ref.	Obs.
Cyneweard	abb.		966.	K. 526.	
Kyneweard	—		967.	K. 553.	
Cyneweard	—		968.	K. 543; H. pp. 16, 44.	
Cyneward .	—		969.	K. 548.	
Kinewardus	—			K. 555.*	
Cyneweard	—			K. 556.	
Cyneuucard	—		970.	K. 563.*	
Kyneweard	—			K. 1269, 1270.	
Cineweard	—		972.	K. 570,* 574.*	
Kynewardus, Kinewaldus, al. Cyneweard	— . .	Middleton.	{ app. Bp. Wells 073. }	Lc N.	
Cyneward .	—		c. 974.	K. 582.	
Cyneweard	—		974.	K. 585.*	
Lyneweard	- -			H. p. 50.	? for Cyneweard.
Kyn . . .	—			K. 1274.	
Cyneweard	— . .	————— . .	ob. 975.	A. S. Chr.	
Kyneward .	— . .	————— . .	ob. 975 or 985.	D.	
Cynewerd .	—		978.	K. 598.*	
Cyneweard	—			K. 1275.*	
Kineward, al. Adulf . .	— . .	Malmesbury .	10 or 11 cent.	D. ; W. Malm. ; W. al. Adulf.	
Cynewerdus	— . .	————— .		B.	
Kyneuuinus	— . .	Bardney . .	26 May, 833.	K. 233.*	
Kynewinus	— . .	————— . .	833.	D.	
Kynewold .	—		971.	K. 567.*	
Cyniuulf	presb. abb.		n.d.	L. V. D.	
Kynelm	. abb.	. Evesham . .	9 or 10 cent.	D.	
Cynhel [m]	—		c. 872×875.	K. 305.	
Cynelm	. —		899.	K. 325.	
Cynhelm	. deac. abb.		904.	K. 339.	
†Cynelmus	. abb.		907.	K. 341.*	
Cynibaldus	—		749.	K. 1006, 1007.	
Cyniburga, see Cyneburga.					
Keneðrið .	abbess		n.d.	K. 1017.*	
†Cyniðriða .	— . .	Coccham . .	n.d.	K. 1019.	
†Cynedrytha †Cynedritha	} —		n.d.	Haddan & Stubbs, Concilia, iii. p. 246.	
Cynidryð (duæ) . .	—		n.d.	L. V. D.	

Name.	Title.	Monastery.	Date.	Ref.	Obs.
Cyniðryd	abbess		n.d.	L. V. D.	
Cyniðryð	—		n.d.	L. V. D.	
Cyniðryth (tres)	—		n.d.	L. V. D.	

D.

Name	Title	Monastery	Date	Ref.	Obs.
Daegburg	abbess.		n.d.	L. V. D.	
Daegholm	abb.	Merciorum	801.	K. 179.	
——	presb. abb.			K. 179.	
Dæghelm	——		12 Oct. 803.	K. 1024.	dioc. Syddensis.
Daenc	abb.		761.	K. 106.*	
Daniel, al. Deiniel	—	Bangor	m. 6 cent.	D. vi. 1297.	Son of Dinothus
Daniel	—	Malmesbury	705.	D.	
——, al. Danihel	—	——		? Will. Malm., G. P.	
Daniel	—	——	705–746.	W.	
——	—	——	n. d.	B., MS. Cott. Vitellius A. x. f. 158.	
Deda	—	Partenay	—730.	D.	
Deimund	—		859.	K. 282.	
——	presb. abb.		863.	K. 288.	
Degmundus	abb.	St. Aug. Cant.	883–886.	D.	
Deiniel, see Daniel of Bangor.					
†Dencheah	abb.	Reculver	747.	K. 1004.*	
——	—	——		D.	
Dicul	—	Boseham	c. 681.	D.	
——	—	Bosanhām	——	T.	
Degberht	—		19 Nov. 845.	K. 259.	
Diernoð, see Drythnod, of St. Augustine's, Canterbury.					
ðingeferð	—		12 Oct. 803.	K. 1024.	dioc. Wigorn.
Dinoot	—	Bancornaburgh	602×603.	Had. & St. Conc. iii. 39. Beda, H.E. ii. 2, p. 80.	
Dinoth	—	Banchor	c. 603.	T.	
Domneva	abbess	Thanet	occ. 670.	D.	
Drihtnoth	abb.		833.	K. 234.	
Diernod, al. Drythnod	—	St. Aug. Cant.	844–864.	D.	

HEADS OF RELIGIOUS HOUSES. 63

Name.	Title.	Monastery.	Date.	Ref.	Obs.
Dud . . .	abb.		744.	K. 92.*	
Dudan . .	—		6 Aug. 835.	K. 190.	
Dumhere, *see* Trumhere.					
†Dun . . .	abb.		20 Feb. 732.	K. 77.	
†Dunna, *al.* Dunne	abbess		734×737.	K. 82.	*cf.*Had.&St. Conc.iii.337.
†——— . .	abb. .	? Liming . .	833.	K. 234.	
Dunstan(St.)	— . .	Glastonbury .	942.	D.	
Dûnstân ?.	— . .	——————— .	943.	A. S. Chr.	
Dunstan .	— . .	——————— .	———	Chr. Mel.	
†——— . .	— . .	——————— . .	944.	K. 400.*	
——— . .	—		946.	K. 406,* 411.	
Dunstanus .	— . .	——————— .	947.	Hickes, Codex Anglo-Sax. penes Vicecom. de Weymouth, p. 284.	
———————	— . .	——————— .	948.	K. 420.	
Dunstan .	—		949.	K. 424, 425, 426.	
†Dunstanus	—		———	K. 1166.	
Dunstan .	—		952.	K. 431.	
Dunstanus	—		955.	K. 436.	
Dunstan	—		956.	K. 441; Chr. Mel.	
——— . .	— . .	——————— .	———	K. 1175.	
——— . .	—		———	K. 1191, 1196, 1197.	
——— . .	—		*n. d.*	K. 1216; H. p. 49.	
——— . .	— . .	——————— .	957.	D.	
——— . .	—		———	Chr. Mel.	
——— . .	— . .	——————— .	958.	Le N., app. Bp. Worc.	
——— . .	— . .	——————— .	959.	A. S. Chr., app. Abp. Cant.; Chr. Mel.	

E.

†Eabba, *see* Æbba.					
Eadbald .	abb.		*n.d.*	L. V. D.	
Eadberet, rex . . .	—		*n.d.*	L. V. D.	
Eadbercht .	— . .	Selsey . . .	*c.* 681–711.	D.; T.	
(*duo*) . .	—		*n.d.*	L. V. D.	
Eadbertus .	—		688.	K. 994.*	

Name.	Title.	Monastery.	Date.	Ref.	Obs.
Adbertus	abb.		26 May, 704.	K. 50.*	
Eadberet	—. .	Selsey . . .	before 711.	Smith's Beda, Hist. Eccl. v. 18.	
Eadbercht	—. .	———.	711.	D. vi. 1159.	
†Eadbertus	—.	Reculver . .	c. 747,	K. 1005.	
Eadberhtus	—		774.	K. 121.	
Etbrith. .	—.	Evesham . .	late 8 or 9 cent.	D.	
Eadberht .	—		12 Oct. 803.	K. 1024.	dioc. Sciraburn.
———.	—		30 Sep. 824	K. 218.	
Edbert = Henhbert.	—. .	Reculver . .	949.	D.	? for 749.
Edburga .	abbess	Hreopandune, (i.e. Repton, co. Derby) . . .	n.d.	D.	
Eadburga, al. Ethelburga	—.	Liming . .	c. 633.	D.	
Edburga .	—. .	Thanet . . .	681.	D.	
———. .	—.	St. Peter's, Glouc. . . .	710–735.	D.	
———. .	—.	Thanet .	740.	D.	
†Eadburga .	—		May, 748.	K. 98.*	
———.	—		ob. 751.	Had. & St. Conc., iii. 357.	
Edburga .	—.	——— . . .	751.	D.	
———. .	—.	St. Mary's, Winchester . . .	10 cent.	D.	
Eadburg (tres) . .	—		n.d.	L. V. D.	
Eadfrith, al. Eadfridus	abb. .	St. Alban's .	n.d.	D.	
Editha . .	abbess	Pollesworth	beginning of 9th cent.	T.	
Eadgyð . .	—		n.d.	L. V. D.	
Edgyth . .	—		n.d.	L. V. D.	
Eadgitha .	—. .	Tamworth . .	end of 9th century	T.	
Edith, St. .	—.	St. Mary's, Winchester . . .	temp. R. Eadgari.	D.	
Eadgitha Edith, al. Editha .	} —.	Wilton .	—984.	D.	

HEADS OF RELIGIOUS HOUSES. 65

Name.	Title.	Monastery.	Date.	Ref.	Obs
Eadhelm	. abb.		949.	K. 425.	
Eadelm .	. —		ob. 952.	A. S. Chr.	(= Aldelmus, *Flor. Wigorn.*)
——— .	— .	St. Aug. Cant. .	958.	K. 477.	
Edmerus .	— . .	Westminster .	ob. 922.	D.	
Eadmær .	—		1012.	K. 719.	
Eadmarus, *al.*					
Eadmer .	— . .	St. Alban's . .	n.d.	D.	
Eadmundus	—		1062.	K. 813.	
———.	—			K. 825.*	
Eadmund .	—		n. d.	K. 964.	
Eadmund .	presb. abb.		n.d.	L. V. D.	
Ædnoth .	prior .	Ramsey . . .	970-99?.	D.	see below.
Eadnoth .	abb.		990.	D.	
Ædnoth .	— . .	——— . .	992-1008.	D.	ob. 1016.
Eadnoð . .	—		1001.	K. 705.	
——— . .	—		1002.	K. 1295.	
Eadnoðus .	—			K. 1297.	
Ednod, *al.*					
Eadnothus	— . .	——— . .	app. Bp. Lincoln, *c.* 1005.	Le N.	
Eadnoð . .	—		1005.	K. 714, 1301.	
——— . .	—		1007.	K. 1303.	
Eadnoðus .	—			K. 1304.	
Eadnoð . .	—		1021×1023.	K. 736.	
†Eadnoðus .	— . .	——— . .	n.d.	K. 928.	
Eadred . .	presb. abb.		12 Oct. 803.	K. 1024.	dioc. Syddensis.
Edredus .	abb. .	? Durham . .	875.	Chr. Mel.	
Eadred I. .	abb. .	St. Aug. Cant.	917-920.	D.	
——— . .	—		932.	K. 1108 ; Hyda, 130.	
——— II..	— . .	——— ——— .	935-937.	D.	
——— . .	—		946.	K. 411.	
——— . .	—		1004.	K. 710,	
Eadredus .	—		1016.	K. 723.*	
Eadricus, *see* Godricus of Winchcombe.					
Eadric . .	abb. .	St. Alban's . .	796.	D.	
Edericus .	— . .	Malmesbury .	11 cent.	W. Malm.	
Edric .	— . .	——— ———	11 cent.	D. ; W.	

K

ALPHABETICAL LIST OF

Name.	Title.	Monastery.	Date.	Ref.	Obs.
Æthericus.	abb.	Malmesbury	11 cent.	B.	
Eadric	—		1012.	K. 719.	
———	—		1021×1023.	K. 736.	
Edricus.	—	Ealdanhame, (*i.e.* St. Peter's, Gloucester)	1022.	MS. Cott., Domitian A. viii. f. 127.	
Edric	—	St. Peter's, Glouc.	1022-1058.	D.	
Eadu	abbess.		*n.d.*	L. V. D.	
Eaduald	presb. abb.		*n.d.*	L. V. D.	
———	deac. abb.		*n.d.*	L. V. D.	
Eaduuald	abb.		835.	D.	
Eda, *al.* Edwinus, *Rex.*	—		*ob.* 18 Kal. Feb. 800.	Chr. Mel.	
Eduuini	—		*n.d.*	L. V. D.	
Eadpine	—		921.	Hyda, 109.	
Eadwine	—		23 Mar. 931.	K. 1102.	
———	—		29 Jun. 931.	K. 1103.	
———	—		12 Nov. 931.	K. 353.	
———	—		931.	K. 357, 1104, 1105, 1106.	
———	—		30 Aug. 932.	K. 1107.	
———	—		932.	K. 1108; Hyda, 130.	
———	—		15 Dec. 933.	K. 363.	
Edwinus	—	Evesham	10 cent.	D.	
Eadwinus, *al.* Edwin	—	Abingdon	984-989.	D.	
Eadwine	—	———	985; *ob.* 990.	A. S. Chr.	
———	—		*n. d.*	K. 712, 713.	
———	—		987.	Hyda, 235.	
Eadpine	—		988.	Hyda, 242.	
†Eadwinus	—	———	1008.	K 1305.	already dead.
———	—	Westminster	1044.	K. 771.*	
Eadwine	—	———	1049-1070.	D.	
Elwinus	—	Malmesbury	*n. d.*	W. Malm., G. Pont.	
Edwin	—	———	1051-2.	D.; W.	
Ælwinus	—	———	—	B.	
Eadwinus	—		1060.	K. 809.*	
———	—		1061.	K. 810.*	

HEADS OF RELIGIOUS HOUSES.

Name.	Title.	Monastery.	Date.	Ref.	Obs.
†Eadwinus .	abb .	Westminster .	1066.	K. 824.*	
—— .	—		——	K. 824,* 825.*	
†Eadwine .	— . .	————	n. d.	K. 826, 889.	
Eadwinus .	— . .	————	n. d.	K. 904.	
Eadwine, *see* Godwine of Winchcombe.				D.	
Eaduulf .	abb.		n.d.	L. V. D.	
—— . .	presb. abb.		n.d.	L. V. D.	
Eafu (*duæ*)	abbess.		n.d.	L. V. D.	
Altfrith . .	abb.		n.d.	L. V. D.	
Ealdred .	— . .	St. Alban's . .	n. d.	D.	
Aldred . .	—		862.	Hnd. & Stubbs, Conc. iii. 654.	
Aldredus .	—		949.	K. 424.	
Ealdred .	—		958.	K. 1219.	
—— . .	—		959.	K. 1221.	
—— . .	—		968.	H., p. 16.	
Aldred . .	—		969.	K. 555.*	
Ealdred .	—		970.	K. 563.*	
—— . .	—		978.	K. 598.*	
—— . .	—		982.	K. 633.	
—— . .	—		983.	K. 636, 638.	
Aldred, *al.* Ealred . .	— . .	Tavistock . .	1031-1046.	D.	
Aldred, *al.* Ealdred .	— . .	———— . .	app. Bp. Worcester 1046 .	Le N.	
Ealdred, Bp. of Worcester becomes .	— . .	Winchcombe .	1053.	A. S. Chr.	
Aldred, *al.* Ealdred .	— . .	Abingdon .	1065-1071.	D.	
Altŏryth (*duæ*) . .	abbess.		n.d.	L. V. D.	
Aldŏryth .	—		n.d.	L. V. D.	
Alŏryth	—		n.d.	L. V. D.	
Alduulf . .	abb.		n.d.	L. V. D.	
Aldulf . .	— . .	Medeshamsted	app. 963.	A. S. Chr.	
Adulfus .	— . .	———— ———— .	972-992.	D.	
Ædulph .	— . .	———— .	975.	D. ii. 94.	
Ealdulf, *al.* Adulf . . }	— . .	———— .	{ to 992 : ob. 1002. }	D. i. 570.	
Ealdulf .	—		982.	K. 633.	

ALPHABETICAL LIST OF

Name.	Title	Monastery.	Date.	Ref.	Obs.
Ealdulf.	abb.		n. d.	K. 712, 713.	
Aldulf(e)	} —	Medeshamsted	992.	A. S. Chr.; D. vi. 1172. *app.* Bp. of Worcester and Abp. of York; *ob.* 6 May, 1002.	
Adulf	—		992.	Chr. Mel.	*app.* Abp.
Aldulf, Aldulph, *al.* Ealdulf.	} —	Peterborough.	993.	LeN	{ *app.* Bp. Worc. and Abp. York.
Alhhard	—		802.	K. 286.*	
Ealhheard	—		807.	K. 294.	
Alhhard	—		808.	K. 298.	
Ealheard	—		807.	K. 1259.*	
Ealhmundus	—		781.	K. 155.	
Ealgmund	—			K. 157.	
Eallimund	—		790.	K. 159.*	
Alhmundus	—		May, 792.	K. 161.*	
——————	—		791×796.	K. 166, 167.	
Alhmund	—		798.	K. 175.	
——————	—		799.	K. 1020.	
Alhmundus	presb. abb.		803.	K. 185.	
Alhmund	———		12 Oct. 803.	K. 1024.	dioc. Legorensis.
†Ealnodus	abb.	Wells	n. d.	K. 837.	
†Eanberhtta	— . .		755×757.	K. 100.	
Eanbercht	—		n.d.	L. V. D.	
——————	presb. abb.		n.d.	L. V. D.	
Eanburga	abbess.		26 Dec. 781.	K. 141.	
Eanburg	—		n.d.	L. V. D.	
Eandryð (*tres*)	—		n.d.	L. V. D.	
Eanðryth (*duæ*)	—		n.d.	L. V. D.	
Eanfled	—		n.d.	L. V. D.	
Eanfrith	abb.		n.d.	L. V. D.	
Eangyth	abbess.		n.d.	L. V. D.	
Eanmund	abb.		816.	K. 209, 210.	
——————	—		26 May 823.	K. 217.	
——————	—		30 Sep. 824.	K. 218.	

HEADS OF RELIGIOUS HOUSES. 69

Name.	Title.	Monastery.	Date.	Ref.	Obs.
Eanmund (*dno*)	abb.		825.	K. 219.	
————	—			K. 220.	
————	presb. abb.			K. 220.	
————	abb.		836.	K. 237.	
————	—		*before* 840.	K. 242.	
————	—		28 Mar. 840.	K. 245.	
————	—		25 Dec. 841.	K. 247.	
†Eanmundus	—			K. 248.*	
Eanmund	—			K. 248.*	
————	—			K. 249.	
————	—		841.	K. 251.	
————	—		844.	K. 257.	
————	—		25 Dec. 845.	K. 258.	
†————	—	Breodune	848.	K. 261.	
†Eanmundus	—			K. 261.	
†Aeanmundus	—			K. 261.	
Eanmund	—			K. 261.	
————	—		851.	K. 266.*	
————	—		*n.d.*	L. V. D.	
Eanswitha	abbess.	Folkestone	*c.* 630.	D.	
Eanulf	abb.		*n.d.*	L. V. D.	
Eanuulf	—		*n.d.*	L. V. D.	
————	presb. abb.		*n.d.*	L. V. D.	
Eardgiš	abbess.		*n.d.*	L. V. D.	
Eardgyð	—		*n.d.*	L. V. D.	
Eardgyth	—		*n.d.*	L. V. D.	
Earduulf	presb. abb.		*n.d.*	L. V. D.	
Eardwolf	abb.		871.	K. 301.	
Earduulf	—		871×889.	K. 317.	
Arnwi	—	Peterborough	1041,—(*res.* 1052).	A. S. Chr.	
Earwini	—		1052×1053.	K. 797.	
Erwinus, Arnewinus, *al.* Arnwius	—		1055–1057.	D.	
Eusterwini	abb.	Weremouth	682. *ob.* non. Mar. 685.	*Fl. Wig.*	"Patruelis Benedicti Biscop."

ALPHABETICAL LIST OF

Name.	Title.	Monastery.	Date.	Ref.	Obs.
Easteruinus	abb.	Weremouth	—685.	D; Smith's Beda, p. 290.	
Aesturuini	—		n.d.	L. V. D.	
Eata	. . — . .	Melros, and afterwards Lindisfarne	c. 651.	Smith's Beda, p. 333.	
———	. . . — . .	Ripon	before 661.	D.; T.	
———	. . — . .	Melros and Lindisfarne . . .	664.	Flor. Wigorn.	
Eatcuine	. abbess.		n.d.	L. V. D.	
Eatðegn	. abb.		n.d.	L. V. D.	
Eaðryð (duæ)	. . abbess.		n.d.	L. V. D.	
Eaðryth	. —		n.d.	L. V. D.	
Eatdryd	. —		n.d.	L. V. D.	
Eatðryð (duæ)	. . —		n.d.	L. V. D.	
Eatfrith	. abb.		n.d.	L. V. D.	
———	. . presb. abb.		n.d.	L. V. D.	
Ebba, see Æbba.					
Ecga	. . abb.		n.d.	L. V. D.	
Ecgbald	. —		686.	A. S. Chr.	
Egbalth	. — . .	Peterborough	686.	A. S. Chr.	
Egebaldus	. —		Mar. 692 or 693.	K. 35.	
Eggbaldus	. —		695.	K. 38.*	
†Egbalthus	. —		n.d.	K. 40.*	
Egbaldus	. — . .	——— .	716.	D.	
Ecgbaldus	. — . .	——— .	—	K. 66*; Had. & St. Conc. iii. 298.	
Ecgberht	. —		9 Sep. 915 × 922.	K. 343.*	
Ecgbriht Ecgbyrht }	—		ob. 16 Jun. 916.	A. S. Chr.	
Ecgburg (duæ)	. . abbess.		n.d.	L. V. D.	
Ægfridus	. — . .	? Ely	ob.v.Kal.Nov.	Ancient calendar in 'Hist. Eliensis,'Trin. Coll. Cambr. MS. O. 2. 1.	
Ecgheard (duo)	. . presb. abb.		n.d.	L. V. D.	
Ecgred(duo)	—		n.d.	L. V. D.	

HEADS OF RELIGIOUS HOUSES. 71

Name.	Title.	Monastery.	Date.	Ref.	Obs.
Ecgsuið	abbess.		n.d.	L. V. D.	
Ecgsuith	—		n.d.	L. V. D.	
Ecguaru	—		n.d.	L. V. D.	
Ecguald	abb.		n.d.	L. V. D.	
†Eguuald	— . .	Tissebiri	. . 759.	K. 104.	
Egwin . .	— . .	Evesham	. . 701.	D.	
†Ecgwinus .	— . .	————	. . 713.	Had. & St., *Conc.* iii. 283.	
†Ecguuinus.	— . .	————	. . 716.	K. 65.*	
Ecguulf. .	deac. abb.		n.d.	L. V. D.	
Ed—, *see* Ead—, Æth—, etc.					
Eda (*Rex*).	abb.		ob. 18 Kal. Feb. 800.	Chr. Mel.	
Edel—, Edil—. *see* Æthel—.					
Edericus, *see.* Edric (Æthericus) of Malmesbury.					
Eðilburg .	abbess.		n.d.	L. V. D.	
Eðilu . .	—		n.d.	L. V. D.	
Ednod, *see* Eadnoð of Ramsey.					
Edrabordus	abb.		787.	Had .& St., *Conc.* iii. 460.	?=Forthred or Ethelheard.

Edwin, *see* Ælwinus of Malmesbury.
Edwius, *see* Eadwinus of Abingdon.
Egel—, *see* Æthel—.
Egelric, *see* Agelricus (Æthelr—) of Middleton.

Egelwardus	abb. .	Glastonbury .	1044×1047.	K. 785.*	
Elf—, *see* Ælf—.					
Elias . .	abb.		1038×1030.	K. 761.*	
———— . .	presb. abb.		n.d.	L. V. D.	
Elm—, *see* Ælfm—.					
Elsinus. .	abb.		28 Dec. 974.	K. 581.	*cf.* Ælfsige.

Alsinus, *al.*
Alsius . .	— . .	Newminster .	977—.	D.	

Elsius, *see* Ælfs—.
Elwinus, *see* Edwin (Ælfw—) of Malmesbury.

Eobe . .	abb.		723×737.	K. 83.	
Eorpuini .	presb. abb.		n.d.	L. V. D.	

ALPHABETICAL LIST OF

Name.	Title.	Monastery.	Date.	Ref.	Obs.
Erhart	abb.		787.	Had. & St., iii. 460.	*Conc.*
Erihteah, *see* Brihteah.			974.	H. p. 50.	
†Erkenuualdus	abb.		*before* 675.	K. 987.*	
——	—		———	K. 987.*	
——	—	Chertsey	967.	K. 532.*	
Ermenburga	abbess	Eastry	? *before* 673.	D.	
†Irmynburga	—	[in Kent]	*c.* 694.	Had. & St., *Conc.* iii. 246.	
Ermenhilda	—	Ely	699–13 Feb. ?	D.	
——	—	Shepey	late 7 cent.	D.	
Hirmynhilda	—	[in Kent]	*c.* 694.	Had. & St., *Conc.* iii. 246.	
Etans	abb.	St. Aug. Cant.	879–883.	D.	
Eva	abbess	St. Peter's Glouc.	735–767.	D.	*cf.* Gaffe.

F.

Fara	abbess.	"In Brige"	*before* 640.	Smith's Beda, p. 111.
Felgeldus	anchoret	Farne (*cell*)	*n.d.*	*ibid.* p. 263. *temp.* Cudbercti Ep. Lindis.
Felgild	—	———	*n.d.*	D.
Felogyldus	abb.		798.	K. 1018.*
Feologeld	presb. abb.		12 Oct. 803.	K.1024. dioc.Cant. *cf.* Had. & St., *Conc.* iii. 609, referring Feologeld's abbey to Canterbury.
——	abb.		805.	K. 189.
Feolageld	—		6 Aug. 805.	K. 190.
†Feolgeldus	—		810.	Had. & St., *Conc.* iii. 567.
Feologeld	presb. abb.		805×831.	K. 191.
——	abb.		26 May 823.	K. 217.
——	presb. abb.		825.	K. 220.
Felogeld, Feogild, Feolgeld, Feolgild, Feologild, Fleogild, Fleogilg, Theologild.	abb.		{ app. Abp.Cant. 829. }	Le N.

HEADS OF RELIGIOUS HOUSES. 73

Name.	Title.	Monastery.	Date.	Ref.	Obs.
Filnoð . .	abb.		1019.	K. 729.	
Folcberhtus	—		774.	K. 121, 122.	
———	—		778×781.	K. 115.*	
———	—		769×785.	K. 150.*	
Folcmerus .	—		969.	K. 555.*	
Filebryeht .	—		———	K. 555.*	
Foldbriht .	—		970.	K. 566.	
Folbriht .	—		———	K. 1270.	
†Foldbrihtus	—		972.	K. 570.*	
Foldbriht .	—		———	K. 570.*	
——— .	—		978.	K. 1275.	
———, al. Fulbertus	— . .	Pershore . .	—983—	D.	
Forthere .	— . .	Malmesbury .	8 cent.	B.	
Forthredus	— .	[Northumbrian]	757×758.	Had. & St., Conc. iii. 395.	
Forthred .	—		790.	K. 159.*	
Forthredus	—		May 792.	K. 161.*	
Forðredus .	—		791×796.	K. 166.	
Forthred .	—		796.	K. 173.	
Forðred .	—		———	K. 170, 171.	
Forthredus	—		———	K. 172.*	
Forðred .	—		798.	K. 175.	
Fortredus .	—		———	K. 1018.*	
Forthredus	—		———	Had. & St., Conc. iii. 517.	
Forðred .	—		799.	K. 1020.	
——— . .	presb. abb.		803.	K. 185.	
——— . .	———		12 Oct. 803.	K. 1024.	dioc. Legorensis.
Forthred .	abb.		ob. 80¾.	A. S. Chr.	
Forthuio .	—		n.d.	L. V. D.	
Frehelm .	presb. abb.		n.d.	L. V. D.	
Frehelmus	abb.		ob. 764.	Chr. Mel.	
Freodegarus	— . .	Evesham . .	10 cent.	D.	
Fridiswida, al. Frideswide . .	abbess.	Oxford . .	727—	D.	
Frisewida, et Fridesuuida	—		n.d.	W. Malm., G. Pont.	
Freoðomund	abb.		12 Oct. 803.	K. 1024.	dioc. Wig.
Friomund .	—		30 Sep. 824.	K. 218.	

L

74 ALPHABETICAL LIST OF

Name.	Title.	Monastery.	Date.	Ref.	Obs.
Friodumund	abb.		n.d.	L. V. D.	
Freodoric	—		833.	K. 234.	
Freothoric	— . .	Folkestone . .	844.	K. 256.	
Frigyd . .	abbess.	Hacanos . .	after 674	Smith's Beda, p. 170.	
Frioduini .	presb. abb.		n.d.	L. V. D.	
Frithild .	abbess		n.d.	L. V. D.	
Froda . .	abb.		26 May 704.	K. 50.*	
Fulbertus, *see* Foldbriht of Pershore.					
Fuliburs .	abbess.	Bath	7 or 8 cent.	D.	
Furseus	abb. .	Cnobheresburg *i.e.* Burgh Castle, Suffolk.	c. 633. c. 637.	Smith's Beda, p. 122. D.	

G.

Gaffo, *see* Eva of St. Peter's Gloucester.				D.	
Garuald .	presb. abb.		n.d.	L. V. D.	
Gefunini .	abb.		n.d.	L. V. D.	
Germanus .	prior .	Westminster .	7 cent.	D.	
———— .	abb.		972.	K. 570.*	
German .	—			K. 574.*	
Germanus .	— . .	Winchcombe .	985.	D.	formerly Prior of Ramsey.
———— .	— .	Ram	993.	K. 684.*	
————	—		995.	K. 1289.	
————	— . .	Ceolesige . .	997.	K. 698.	
————	—		1002.	K. 1295, 1297.	
————	—		1004.	K. 710.	
————	—		1005.	K. 714, 1301.	
————	—		1007.	K. 1303, 1304.	
————	—		1008.	K. 1305.	
————	—		July, 1012.	K. 1307.	
————	—		1013.	K. 1308.*	
————	—		1016.	K. 723.*	
————	—		1019.	K. 729.	
Godmannus	— . .	Thorney . .	app. c. 968.	John of Tynemouth, *Hist. Aurea.*; Hyda, 182.	
Godeman, . } Godmann . }	— .	————	—975—	D., ii. 94.	

HEADS OF RELIGIOUS HOUSES. 75

Name.	Title.	Monastery.	Date.	Ref.	Obs.
Godeman	abb.	Iorn̂	993.	K. 684.*	? for Thorney.
Godman	—		1002.	MS. Egerton 2104, f. 16, Wherwell Chartulary=Godwin, K. 707.	
Godemannus...	—		1004.	K. 710.	
Godeman	—		n.d.	K. 712, 713.	
———	—		1005.	K. 714, 1301.	
Godemannus...	—		1007.	K. 1304.	
———	—		July, 1012.	K. 1307.	
Godeasculus... Godescale. }	—	Abingdon	830—	D.	
†Godescallus...	—	———	c. 940.	K. 1135.*	
Godricus,al. Godric I..	—	Croyland	870-941.	D.	
Godric II..	—	———	1005—14 Kal. Feb. 1019.	D.	
Godricus	—	Evesham	1044×1047.	K. 785.*	
———	—		1055.	K. 801.	
———	—		1062×1066.	K. 823.	
Godric	—	Winchcombe	1054-1066.	D.	
———	prior	Ch. Ch. Cant.	after 1058.	D.	
Godwin	abb.	Evesham	temp. Ethelred II.	D.	? usurper.
———	—		969.	K. 555.*	
Godwine	—		970.	K. 1270.	
———	—		972.	K. 570.*	
Goduuine	—			K. 574.*	
Godwine	—		c. 974.	K. 582.	
———	—		974.	K. 585; II. p. 50.	
———	—		975.	K. 592.	
———	—		978.	K. 1275.*	
Goduuine	—		979.	K. 621.	
Godwine	—			K. 622.	
Goduuine	—		980.	K. 624.	
Godwyne	—		982.	K. 632.	
Godwine	—			K. 633; P. 5.	

ALPHABETICAL LIST OF

Name.	Title.	Monastery.	Date.	Ref.	Obs.
Goduuine .	abb.		983.	K. 1279.	
Godwine .	—		998.	K. 701.*	
Godwinne .	—		1001.	K. 706.	
Godwin .	—		1002.	K. 707. *see* Godman.	
Goduuine .	—		——	K. 1295.	
Godwinus .	—		——	K. 1297.	
Godwine .	— . .	Winchcombe .	occ. 1044, Oct. 1053.	D.	
——— .	—		1042.	K. 764.	
Godwinus .	—		1043.	K. 916.	
Godwine .	— .	——— .	1044.	K. 771.*	
——— .	—		1045.	K. 777.	
Godwinus .	— . .	———	1044×1047.	K. 785.*	
Goduuinus	—		1052×1053.	K. 797.	
Godwine .	—		n.d.	K. 912.	
Godwinus .	— .	——— .	n.d.	K. 939.	
Godwine .	— .	——— .	ob. 1053.	A. S. Chr.	
Gratiosus .	— . .	St. Aug. Cant.	626–640.	D.	
Grimbald .	— . .	Hyde, *i.e.* New Minster, Winchester . . .	8id.Jul.903–	D.; Hyda.	
Grumus .	—		993.	Hyda, 253.	
Guban . .	— .	Glastonbury .	760–	D.	
Guda .	—		Mar. 692 or 3.	K. 35.	
——— . . .	—		695.	K. 38.*	
Gudfrid .	— . .	Lindisfarne .	687.	Smith's Beda, p. 182.	
Guðheardus	—		775.	Hickes, *Thes.*, i. 171	
———	—		777.	K. 131.	
Gutard . .	— . .	St. Aug. Cant.	787–803.	D.	
Guthlac .	— .	Glastonbury .	—824—	D.	
Guttulfe .	— .	St. Aug. Cant.	928–935.	D.	

H.

Haddan .	—		c. 696.	K. 40.*	
Hadde . .	—		(rec. in 759.)	K. 104.	
Hadubercht	presb. abb.		n.d.	L. V. D.	
Haðuburg.	abbess		n.d.	L. V. D.	
Haðugið .	—		n.d.	L. V. D.	
Hadugyth .	—		n.d.	L. V. D.	

Name.	Title.	Monastery.	Date.	Ref.	Obs.
Haeha . .	abb.		26 May, 704.	K. 50.*	
Haelric . .	—		692.	K. 34.*	
Hae—, see Hea—.					
Hugon . .	abb.		688.	K. 994.*	
Haguna .	—		692.	K. 995.	
Hagona .	—		Mar. 692 or 3.	K. 35.	
——— . .	—.		695.	K. 38.*	
——— . .	—		c. 696.	K. 40.*	
——— . .	—		26 May, 704.	K. 50.*	
Halmund .	—		805.	Had. & St., Conc. iii. 558.	
Hanigestus, see Hemgisl of Glastonbury.					
Heaburg .	abbess		n.d.	L. V. D.	
Headured .	presb. abb.		n.d.	L. V. D.	
Healhbert .	abb. .	Reculver . .	late 7 cent.	D.	
Healhflæda.	abb [ess].		ob.ii.non. Mai.	MS. Cott.. Titus D. xxvii., f. 5. Saxon Calendar.	
Heahstan .	presb. abb.		12 Oct. 803.	K. 1024.	dioc. London.
Heane . .	— . .	Abingdon . .	675—	D.	
†Hean . .	—		5 Jul., 699.	K. 45.*	
†——. . .	—		699.	K. 46.*	
†——. . .	—		n.d.	K. 998.	
Heanfled .	abbess.	Wherwell . .	—1002—	D.	
Hedda . .	abb.		670.	K. 7.*	
Haeddi . .	—		26 Aug., 675.	K. 11.*	
Haedde, al. Hedda. .	— . .	Whitby . . .	app. Bp. Winchester 676; ob. 705.	Le N.	
†Hedda . .	— .	Vermundcsei and Wocchingas	708×715.	Had. & St., Conc. iii. 276.	
†Headda. .	—		Feb. 750.	K. 105.	cf. Haddan, and Hadde.
——— . .	—.	Worcester . .	781×798.	K. 169.	
Hedda . .	— . .	Medeshamsted	833.	D.	
——— . .	—.	———	26 May 833.	K. 233.*	
——— . .	—.	———	27 Mar. 851.	K. 265.	

ALPHABETICAL LIST OF

Name.	Title.	Monastery.	Date.	Ref.	Obs.
Hedda ..	abb. .	Medeshamsted	851.	D.	
———.	—..	—————	866.	D.	
———..	—..	—————	1 Aug. 868.	K. 207.*	
———.	—.	—————	870.	D.	
Headda..	—.		rec. in 963.	A. S. Chr.	
Heardbercht	—		n.d.	L. V. D.	
Heardred .	—		n.d.	L. V. D.	
———.	presb. abb.		n.d.	L. V. D.	
†Hedilburga	abbess.		Mar. 692 or 3.	K. 35.	
Helmŏryth	———		n.d.	L. V. D.	
Helmuini .	abb.		n.d.	L. V. D.	
Hemgisl,*al.* Hemgislus Hanigestus }	—.	Glastonbury .	678.	D.	
†Hemgislus .	—		6 Jul. 680.	K. 19.	
†Hamgislus.	—		681.	K. 20.*	
Hemgisl .	—.	————— .	—	D.	
†Hemgislus .	—.	—————	704.	K. 51.*	
Hemgisl .	—.	—————	705.	D.	
†Hemgislus.	—		20 Jul. 723.	K. 71.	
†———	—		729.	K. 76.*	
†Hemgisilus	—..	————— .	744.	K. 93.*	already dead.
Herebald, (St.) ..	prior .	Tinmouth ..	8th cent.	D. *cf.* Smith's Beda, p. 186; *H. E.*v. 0.	
——— .	abb.	——— ..	early 8th cent.	T.	
———.	—		n.d.	L. V. D.	
Hereberhtus	—		759×765.	K. 114.	
Herecan .	—		755×757.	K. 100.	
———.	—		758.	K. 103 ; P. No. 2.	
Hereferth .	—.	Glastonbury .	824×942.	D.	
Herefridus.	—.	Lindisfarne .	661.	Smith's Beda, p. 235; Vita S. Cuthb. cap. viij.	
Herefrith .	presb. abb.		n.d.	L. V. D.	
Heregyŏ .	abbess		n.d.	L. V. D.	
Heregyth .	—		n.d.	L. V. D.	
Herleua .	—..	Shaftesbury .	966.	K. 528.*	
———.	—.	————— .	—	D.	
Herelufu .	—.	————— .	ob. 982.	A. S. Chr.	

HEADS OF RELIGIOUS HOUSES.

Name.	Title.	Monastery.	Date.	Ref.	Obs.
Hercluve	abbess.	Sceaftesbyriense	ob. 982.	Flor. Wig.	
Hereswyða	—.	[a Kentish monastery]. . .	696 × 716.	Had. & St., Conc. iii. 240.	
Heriburg	—. .	Vetadun	686.	Smith's Beda, Hist. Eccl. v. 3.	
Hetheredus	abb. .	Malmesbury	8 cent.	B.	
Hieu . .	relig. fœm. .	Hartlepool	c. 640.	T.	? identical with Bega.
Heiu	—. .	Heruteu . .	c. 650.	Smith's Beda, p. 168.	
Hild . . .	abbess.	Heortosig(Hartlepool). . .	655.	Flor. Wig.	
Hilda (St.)	—. .	Hartlepool .	? 7 cent.	D.; T.; cf. Smith's Beda, Hist. Eccl. iv. 24.	
—.	—.	Heruteu	c. 657.	D.	
Hild .	abbess of Heortsig .	founds Streoneshealh (Whitby)	658.	Flor. Wig.	
†——	abbess		before July 664.	Beda, Hist. Eccl., iii. 25-6. Had. & St., Conc., iii. 100.	
Hilda . .	—. .	Whitby . . .	680.	D.	
Hild . . .	—. .	——— . . .	ob. 680.	A. S. Chr.	
——. . .	—. .	——— . . .	ob. xv. Kal. Dec. 680.	Flor. Wig.	
Hildiburg .	—		n.d.	L. V. D.	
Hildiðryth	—		n.d.	L. V. D.	
Hildidryð .	—		n.d.	L. V. D.	
Hildigid .	—		n.d.	L. V. D.	
Hildilid .	—. .	Berecingum	7 cent.	Beda, H. E., iv. 10.	
Hildelith .	—. .	Bercinganense	app. 666. ? ob. ante 675.	Flor. Wig.	
Hildelitha .	—. .	Barking. . .	late 7 cent.	D.	
†Hirmynhilda	—. .	[in Kent] . .	c. 964.	Had. & St., Conc., iii. 246.	
Hiudu . .	abb.		n.d.	L. V. D.	
Hleoburg .	abbess		n.d.	L. V. D.	

Name.	Title.	Monastery.	Date.	Ref.	Obs.
Hooc	abb.		Mar. 692 or 3.	K. 35.	
———	—		695.	K. 38.	
Omolincg	—			K. 33.	for Omulinge in the MS.
Omulung	—		706.	K. 56.	Had. & St., *Conc.*, iii. 207.
Homolunch	—			K. 58.	
Hordricus	—		1062.	K. 813.	*cf.* Ordricus.
Hrethun, *see* Rethunus of Abingdon.					
Hroðfrith	abb.		*n.d.*	L. V. D.	
Hroeðburg	abbess		*n.d.*	L. V. D.	
Hroeðgifu	—		*n.d.*	L. V. D.	
Hroeðgeofu	—		*n.d.*	L. V. D.	
Hrothuaru	—		*n.d.*	L. V. D.	
†Hrotuuaris	—		734×737.	K. 82.	
†Hroðuuare	—		774.	K. 124.	
Huaetberhtus	abb.	Jarrow	710.	D.	*cf.* Smith's Beda, p. 301.
†Huætberctus	—	Wearmouth	—	Had. & St., *Conc.* iii. 200.	
Huaetberct	presb. abb.		*n.d.*	L. V. D.	
Huaetberht	abb.		*n.d.*	L. V. D.	
Huaetred	—		*n.d.*	L. V. D.	
Huuatraed	—		759×765.	K. 114.	*cf.* Wetredus.
Hwitrede	—	Reculver	occ. 784.	D.	
Hwitta, *see* Uuitta.					
Hugh	abb.	Chertsey	1024.	D.	
———	—	———	1049.	D.	
Hunfridus	—		827.	K. 222.*	
Hunerferð	—		22 Apr. 854.	K. 270.*	
Hungyth	abbess		*n.d.*	L V. D.	
Hunlaf	abb.		22 Apr. 854.	K. 270.*	
Hunsig	presb. abb.		*n.d.*	L. V. D.	
Hunuald	abb.		*n.d.*	L. V. D.	
Hunuini	presb. abb.		*n.d.*	L. V. D.	
Hygbald	abb.		*n.d.*	L. V. D.	
———	—	in provincia Lindissi	c. 669.	Beda, *H. E.*, iv. 3.	
Hygbercht	presb. abb.		*n.d.*	L. V. D.	
———	abb.		*n.d.*	L. V. D.	

HEADS OF RELIGIOUS HOUSES.

Name.	Title.	Monastery.	Date.	Ref.	Obs.
Hygborht	abb.		12 Oct. 803.	K. 1024.	dioc. Lichfield.
Hyseberht	—				dioc. Wigorn.
Hygburg	abbess		n.d.	L. V. D.	
Hygðryð	——		n.d.	L. V. D.	

J.

Name.	Title.	Monastery.	Date.	Ref.	Obs.
Jaenbert, Jambert, Janibert, al. Lambert }	—	St. Aug. Cant.	760–762.	D.	(Ianbryht, A. S. Chr.)
Jambertus	—		761.	K. 106.*	
†———— ——	—	St. Peter's Kent	25 Jul. 761.	K. 107.*	
———— ——	—		————	K. 107.*	
———— ——	—		762.	K. 109.	
Geanborht, Genberht, Jacuberht, Jainbert, Jambeth, Jambert, Janbryth, Lambert }	abb.	St. Aug. Cant.	app.Abp.Cant. 763. }	Le N.	
Jaenberhtus	—		759×765.	K. 114.	
Ibe	—		736.	K. 80.	
Iebe	—		716×743.	K. 89.	
Ingeldus	—		729×741.	Had. & St., Conc. iii. 342.	
Inguburg	abbess		n.d.	L. V. D.	
Inuald	abb.		n.d.	L. V. D.	
John	—	St. Aug. Cant.	607–618.	D.	
Johannes	—		678.	Smith's Beda, p. 205.	
——(Scotus)	—	Athelney	888.	D.; *Flor. Wigorn.*	
———— ——	—	————	890.	D.	
———— ——	—	————	892.	D.	
Johannes	—		895.	K. 322.*	
Joseph (St.)	—	Glastonbury	1st cent.	D.	
†Irmynburga	abbess	in Kent	c. 964.	Had. & St., Conc. iii. 216.	
Iurminburg	——		n.d.	L. V. D.	

M

82   ALPHABETICAL LIST OF

| ame. | Title. | Monastery. | Date. | Ref. | Obs. |

K.

K—. For names commencing thus, see C.—

L.

Lalemund . abb. . Glastonbury . 7 cent.　　　D.
Lambert. *see* Jaenbert of St. Augustine's, Canterbury.
Laurentius prior . Insula sancto-
　　　　　　　　　rum, *al.* Bard-
　　　　　　　　　sey, co. Caer-
　　　　　　　　　narv. . . . *n.d.*　　　D.

Leofertus　　⎱
Leoffius　　　⎰ *see* Leofricus of Thorney.

Name	Title	Monastery	Date	Ref.
Leofric .	. abb.		969.	K. 555.*
——— .	. —		980.	K. 624.
——— .	. —		982.	K. 632, 633, 1278 ; P. 5.
——— .	. —		983.	K. 636 (*duo*), 638 (*duo*), 639, 640, 1280; Hyda, 231.
——— .	. —		984.	K. 1282.
——— .	. —		985.	K. 648,* 1283.
———(*duo*)	—		986.	K. 655.
———(*duo*)	—		987.	K. 657 ; Hyda, 235.
——— .	. —		988.	K. 663, 664 (*duo*), 665 (*duo*) ; H. p. 32 ; Hyda, 242 (*duo*).
——— .	. —		990.	K. 672,* 673* (*duo*).
——— .	. — .	. Michelney .	. 993.	K. 684.* Hyda, 245, 253.
——— .	. — .	. Exeter . . .	—	Hyda, 245.
——— .	—		994.	K. 686,*687; H. p. 24.
——— .	. —		995.	K. 689, 690, 691, 692, 1289.
——— .	—		996.	K. 696, 1292.
——— .	. — .	. St. Alban's .	. 997.	K. 698.
——— .	. — .	. Michelney .	. —	K. 698.
——— .	. —		998.	K. 701.*
——— .	. —		1000.	K. 1294.
——— .	—		1001.	K. 705, 706.
——— .	. —		1002.	K. 707, 1295 (*duo*).
Leofricus .	—			K. 1297.

HEADS OF RELIGIOUS HOUSES.

Name.	Title.	Monastery.	Date.	Ref.	Obs.
Leofric .	abb.		1003.	K. 1299.	
Leofricus .	—		1004.	K. 710.	
Leofric .	—		n.d.	K. 712(duo), 713(duo).	
——— . .	—		1005.	K. 714 (duo).	
Leofricus .	—		1006.	K. 715.*	
†Leofric . .	—		996×1006.	K. 716,	
——— . .	—.	St. Alban's . .	to 1006.	D.	
†Leofricus .	—.	?——— . .	1007.	K. 1304.	
Leofric .	—		1019.	K. 729.	
——— . .	—. .	Ely	1022-1029.	D.	ii. Kal. Jul. ob. Leofricus abbas, auct. calend. in 'Hist. Eliensis,' Trin. Coll. Cambr. MS. O. 2. 1.
†Leoffric .	—.	——— . .	1022.	K. 734.	
†Leofric .	—.	——— .		K. 734.	
——— . .	—		1020×1023.	K. 736.*	
Leofricus, Leofertus, al. Leoflius }	—.	Thorney	to 1023.	D. i. 570.	
Leuric . .	—.	Burton .	1051–8 id. Jan. 1085.	D.	
Leofric . .	—		1052.	K. 956.	
Leofrig .	—			K. 956.	
Leofric . .	—.	Coventry	1053—.	D.	
——— .	—.	Peterborough .	1052-1066.	A. S. Chr.	
Leofricus .	—.	——————.	10⅔–3 Kal. Nov. 1066.	D.	
†———————	—.	Burch . . .	1060.	K. 808.	
Leoffricus .	—		1062.	K. 813.	
Leofricus .	—		1065.	K. 815.*	
Leofric . .	—.	of Peterborough, holds Thorney	1066.	A. S. Chr.	
——— . .	—.	Burton . . .	—	A. S. Chr.	
Leofricus .	—.	Coventry . .	ob. 3 Kal. Nov. 1066.	D.	
——— .	—.	Burton . .	—	D.	
——— .	—.	Croyland .	—	D.	
——— .	—.	Thorney .	—	D.	
†Leofricus .	—. .	Burch . . .	1060×1066.	K. 819.	
Leofric . .	—.	———.	—	K. 819.	
Leofricus .	—		1066.	K. 821*, 825*.	

ALPHABETICAL LIST OF

Name.	Title.	Monastery.	Date.	Ref.	Obs.
†Leofsis	abb.	Ely	n.d.	K. 904.	
†Leofricus	—	Burgh	n.d.	K. 904.	
†Leofric	—		n.d.	K. 904, 908.	
†Leofricus	—		1066×1069.	K. 927.	
Leofrima, *al.* Leofruma	abbess	Thanet	—978.	D.	
Leofrun	—	St. Mildred's	captured by Danes, 1011.	A. S. Chr.	
Leofruna	—			Chr. Mel. and *Flor. Wig.*	
Leofsige	abb.		986.	K. 655.*	
——	—		988.	Hyda, 242.	
Leofsius, *al.* Leofsinus	—	Thorney	app. Bp. Worc. 1016.	Le N.	
Lefsinus, Lefsius, *al.* Leofsi	} —	Thorney	{1017. 101⅞.}	} D.	
Leofsige	—		1021×1023.	K. 736.	
Leoflin, *al.* Leofsin, *al.* Leofsine	} —	Ely	{1029-¹⁵⁄₂₃ Nov. 1044.}	} D.	{non. Nov., *ob.* domnus leofsinus abbas.— Auct. calend. in 'Hist. Eliensis,' Trin. Coll. Cambr. MS. O. 2, 1.
Leofsige	—		1042.	K. 763.	
——.	—		1038×1044.	K. 769.	
——.	—		1044.	K. 774.	
——.	—		1045.	K. 778; H. p. 30.	
Leofsius	—	Ely	n.d.	K. 904.	
Leofsig	—		1052.	K. 956.	
Leofsige	—		1054.	K. 800.	
Leofsinus	—		1055.	K. 801.	
Lefstan, *al.* Leofstan	—	Bury	1044—Kal. Aug. 1065.	D.	
†Leofstan	—	? ——	n.d.	K. 873.	
†Lefston	—	? ——	n.d.	K. 892.	
†Lefstanus	—	Bury	n.d.	K. 1345.	*cf.* K. 892.
†Leofstan	—	——	n.d.	K. 894.	
Lefstanus, *al.* Leofstan	—	St. Alban's	—1066.	D.	

HEADS OF RELIGIOUS HOUSES. 85

Name.	Title.	Monastery.	Date.	Ref.	Obs.
†Leofstanus	abb.	———	. .	K. 945.	
†———	— . .	———	. 1049×1052.	K. 950.	
———	—		1061.	K. 810.*	
———	—		1062.	K. 813 (duo).	
†———	— .	Bury .	temp. Edw. Conf.	Hickes, Cat. of Bp. More's Anglo-Saxon MSS. (now in University Library, Cambridge), Regist. Chartarum, No. 6.	
Leofsuna	— .	Cernel	c. 1006.	K. 1302.	
Leofuini	. —		n.d.	L. V. D.	
Leofwin	. — .	Ely	1019–1022.	D.	
Leo[f]wine	—		1020.	K. 1316.	
Leofwine	. — .	——— .	1022.	A. S. Chr.	
Loofwinus .	—		———	K. 734.	
———	—		1020×1023.	K. 735.*	
Leofwine	. —		1021×1023.	K. 736.	
Leofwinus I.	— .	Coventry	1043–1053.	D.	ob. 1066.
†———	—		1043.	K. 916.	
Lewinus	— .	———	1044×1047.	K. 785.	
Lefwinus	. — .	Thorney	1051.	K. 795.*	
Lefwinus	. — . .	———	———	D.	
Leofwine	. — . .	Coventry .	app. Bp. Lichfield 1053.	A. S. Chr. ; Le N.	
Leofwinus II., al. Lewinus	. — . .	———	1075.	D.	
Leuric, see Leofric of Burton.				D.	
Leucua .	. abbess	Shaftesbury	. 1066.	D.	
Levricus, see Leofricus of Peterborough.				D.	
Lewinus, see Leofwinus II. of Coventry.				D.	
Liuingus	abb.	Winchcombe .	27 Mar. 851.	K. 265.*	
Livingus	. — .	———	. 851.	D.	
Lifine	. . — . .	[F]ont' (a) . .	993.	K. 684.*	

a The charter (a copy of an older original) is torn at the commencement of this word, of which all that now remains is apparently . . . ont'. I am inclined to think the word in the original charter was "Ceort'," for Chertsey, and the Saxon *r* mistaken by the transcriber for an *n*, from its similarity to that letter. The next name in my list undoubtedly refers to Chertsey Abbey, whose roll of abbots is very defective, and this is a new name for insertion among the few yet known. Kemble supplies the initial F, but no monastery of the name is known to have existed before the conquest.

ALPHABETICAL LIST OF

Name.	Title	Monastery.	Date.	Ref.	Obs.
Luwineg	abb.	Cerotensis i. e. Chertsey	997.	K. 698.	
Lyfing	—		998.	K. 700.	
Lyfineg	—		c. 999.	K. 704.	
Lyfing	—		1024.	K. 741.	
Lifingus, Living, al. Livingus	—	Tavistock	1031. 1032. ob. 10 Kal. Apr. 1036.	D. i. 570, ii. 511.	
Lyfing, al. Livingus	—	————	app. Bp. Exeter c. 1031.	Le N.	
Liuuardus	—	Michelney	temp.Edw.Conf.	D.	
†Lullo	—		798×804.	Had. & St., Conc. iii. 552.	
Lull	—		12 Nov. 803.	K. 1024.	dioc.Dummuc.
Lulla	—		————	————	— Winton.
Lulling	—	St. Aug. Cant.	937-939.	D.	
Luxihs	—		1019.	K. 729.	
Lyneweard	—		974.	H. p. 50. ? for Cyneweard, q.v.	

M.

Maidulf, Muildulph, al. Meldum	—	Malmesbury	c. 676.	D.; W.	
Meildulfus	—	————	n.d.	W. Malm., G. Pont.	
Mannius, Mauricius, Mannus, al. Wlmarus	—	Evesham	1044-1058. ob. 1065.	D.	
Manni	—		1043.	K. 916.	
Manny	—	————	1044.	K. 771.	
Manni	—	————	app. 4 id. Aug. 1045.	A. S. Chr.	
———	—		1045.	K. 777.	
———	—		1052×1053.	K. 797.	
†Maunius	—	————	1055.	K. 801.	
†Mannig	—		n.d.	K. 912.	
———	—		n.d.	K. 912.	
Manni	—	————	1049×1058.	K. 923.	
———	—	————	n.d.	K. 939.	

HEADS OF RELIGIOUS HOUSES.

Name.	Title.	Monastery.	Date.	Ref.	Obs.
Mannig . .	abb.		1053.	K. 956.	
Macginuald	—		n.d.	L. V. D.	
Macsuith .	—		n.d.	L. V. D.	
Marcus . .	—		12 Oct. 803.	K. 1024.	dioc. Winton.
Martin . .	—		970.	K. 563.*	
Marvenne, see Merwenna of Rumsey.					
Maurice .	prior .	Ch. Ch. Cant. .	9 or 10 cent.	D.	
Mauricius .	abb. .	St. Mary Dubl.	—19 Jan. 998.	D.	
Mauricius, see Mannius of Evesham.					
Megildulfus	abb. .	Malmesbury .	7 cent.	B.	=Maidulf.
MegildulfusII.—	. .	———— .	8 cent.	B.	
Meldum, see Maildulph of Malmesbury.					
Merewnit .	abb. .	Glastonbury .	—1027.	D. ii. 275.	
Merewhit .⎫ Mervith, al. ⎬ Merethwith ⎭	— . .	———— .	app. Bp. Wells, 1027.	Le N.	
Merwenna .	abbess.	Rumsige . .	966.	K. 520,* 528.*	
Merwenna. al.					
Merwinna	— . .	Rumsey . . .	967—.	D.	
Merwinna .	— . .	———— . . .	app. 967.	Chr. Mel.	
Milburga .	— .	Wenlock . .	c. 680.	D.	
Mildred . .	— .	Thanet . . .	—670—.	D.	
†Mildrytha .	—		Feb. 696.	K. 39.*	
Mildriða .	— . .	[a Kentish monastery] . . .	696×716.	Had. & St., Conc. iii. 240.	
†Mildthritha	— . .	Minster . . .	11 Jul. 724.	K. 72.*	
†Mildritha .	—		4 Kal. Nov. 738.	K. 81.*	
†——— . .	— . .	———— . .	29 Sep. 717.	K. 97.*	
†Mildreda .	— . .	———— . . .	May 748.	K. 98.*	? already dead.
†Mildritha .	—		759×764.	K. 112.*	———
Milred . .	abb.		n.d.	L. V. D.	
Modwenna	abbess.	Strenshall, co. Staff.	early 9 cent.	D.	
Mora . .	abb.		ob. 799.	Chr. Mel.	
Muca . .	—		801.	K. 178.*	
———. .	—		12 Oct. 803.	K. 1024.	dioc. Sciraburn.
Mucan .	—	Glastonbury	811.	D.	

ALPHABETICAL LIST OF

Name.	Title.	Monastery.	Date.	Re	Obs.
N.					
Nathaniel	abb.	St. Aug. Cant.	654–667.	D.	
†Nericuda	abbess.	[in Kent]	c. 694.	Had. & St., *Conc.* iii. 246.	
Northbald	abb.	St. Aug. Cant.	732–748.	D.	
Nunnae	abbess.		n.d.	L. V. D.	
O.					
Odricus, *see* Ordric, abbot of Abingdon.					
Ocðilburg	abbess.		n.d.	L. V. D.	*cf.* Æthelburga.
Oe—, Oi—, *see* Æ—.					
Oidilualdus et Ædiluualdus anchoret		Farne	7 cent.	Beda, *Vita S. Cuthb.* 46.	
Ofa	—		n.d.	L. V. D.	
Omolineg	—			K. 33. from MS. Cott., Tiberius A. xiii, which properly reads Omulinge.	
Omulung	—		706.	K. 56.	
Homolunch	—			K. 58.	
Orbrihtus I.	—	Westminster	604–13 Jan. 616.	D.	
Orbrihtus II.	—	———	785–797.	D.	
†Ordbriht	—	———	n.d.	K. 827. already dead.	
Ordbrihtus	—	Thorney	785.	K. 140.*	
Ordbryht, *al.* Ordbyrht	—	Chertsey	964—.	D.	
Ordbriht	—		964.	K. 1252.	
Ordbryht	—		966.	K. 527.	
Ordbriht	—			K. 1257.	
Osobysihe	—			Hyda, 202. (=Ordbyriht, MS. Cott., Vesp. A. viii.)	
Ordbryht	—		967.	K. 533, 535.	
Ordbriht	—		970.	K. 563.	
———	—		980.	K. 624.	
Ordbirht	—		982.	K. 632, 633.	
Ordbyrht	—			K. 1278; P. 51.	
———	—		983.	K. 636.	

Name.	Title.	Monastery.	Date.	Ref.	Obs.
Ordbyrht	abb.		983.	K. 638.	
Ordbriht	—			K. 639.	
Ordbryht	—			K. 640.	
Ordbyrht	—			K. 1279; Hyda, 231.	
Ordbriht	—			K. 1280.	
Ordbryht	—		984.	K. 1282.	
———	—		985.	K. 648.*	
Ordbriht	—			K. 1283.	
Ordbryht	—		987.	K. 657.	
Ordbrht(sic)	—			Hyda, 235.	
Ordbriht	—		988.	K. 663.	
Ordbryht	—			K. 664, 665; H. p. 32.	
Ordbyrht	—			Hyda, 242.	
†Ordbriht	— . .	Westminster	n.d.	K. 827.	already dead.
Ordgar, see Osgar, abbot of Abingdon.					
Ordgar	abb.		971.	K. 507*.	?=Osgar.
Ordric, al. Ordricus	— . .	Abingdon	1052–1065.	D.	
Ordricus	—		1050.	K. 792.	
———	—		1052.	K. 796.	
———	—		1054.	K. 800.	
———	—		1061.	K. 810.*	
Hordricus	—		1062.	K. 813.	
Ordrich	—		1065.	K. 817.	
Ordric	—			P. 24.	
———	—		1060×1066.	K. 822.	
†Ordricus	— . .	Abingdon	n.d.	K. 840.	
†Ordric	— . .	———	n.d.	K. 840.	
†Ordricus	— . .	? St. Mary	n.d.	K. 888.	
†Ordric	— .	———	n.d.	K. 888.	
Orgarus	prior	Westminster	744–756.	D.	
Osbaldus (Rex)	abb.		ob. 799.	Chr. Mel.	
Osbald	—		n.d.	L. V. D.	
Osbercht	—		n.d.	L. V. D.	
Osbertus	— . .	"Rapodii"	825.	K. 221.*	
Osburg	abbess.	Coventry	1016.	T.	
Osburg(dua)	—		n.d.	L. V. D.	

Name.	Title.	Monastery.	Date.	Ref.	Obs.
Osketul.	abb.	Croyland	992–12 Kal. Nov. 1005.	D.	
Oscytel.	—		1012.	K. 719.	
Oskitellus.	—		1020 × 1023.	K. 735.*	
Oskytelus.	—		—	MS. Harl. 76, f. 138.	
Osŏryð.	abbess.		n.d.	L. V. D.	
Osŏryth	—		n.d.	L. V. D.	
Ostŏryth	—		n.d.	L. V. D.	
Osgar, al. Osgarus	abb.	Abingdon	963–984.	D.	
Osgar	—		28 Dec. 964.	K. 514.*	(vol. vi. p. 237.)
—.	—		964.	K. 1252.	
—.	—		965.	K. 1254, 1255, 1256.	
Osgarus	—		966.	K. 523*; Hyda, 202, 205, 323.	
Osgar	—		—	K. 526, 527,* 1257, 1258, cf. 518.	
—.	—		967.	K. 533, 535, 536.	
—.	—		968.	K. 543, 544.	
†—.	—		—	K. 546.	
—.	—		—	K. 546, 1261, 1262.	
†Osgarus	—		—	K. 1263.	
Osgar	—		—	K. 1263–1266*; H. pp. 16, 44.	
—.	—		969.	K. 548, 555,* 556.	
—.	—		959 × 970.	K. 562.	
—.	—		970.	K. 563,* 1268, 1269, 1270.	
—.	—		971.	K. 568.*	cf. Ordgar, K. 567.*
—.	—		972.	A. S. Chr.; K. 570,* 572, 574,* 575*; H. p. 34.	
—.	—		973.	K. 579.*	
—.	—		c. 974.	K. 582.	
—.	—		974.	K. 585,* 1374; H. p. 50.	
—.	—		975.	K. 587,* 588,* 592.	
—.	—		976.	K. 595.	
—.	—		c. 977.	K. 1277.*	
—.	—		978.	K. 598,* 1275.*	

HEADS OF RELIGIOUS HOUSES.

Name.	Title.	Monastery.	Date.	Ref.	Obs.
——. . .	abb.		979.	K. 621, 622.	
Osgarus	—		*ob.* viii Kal. Jun.	MS. Cott. Titus D. xxvii, f. 5*b*. Saxon Calendar.	
Osgeofu	abbess.		*n.d.*	L. V. D.	
Osgid . .	—		*n.d.*	L. V. D.	
Osgið .	—		*n.d.*	L. V. D.	
Osgyth (*duæ*) . .	—		*n.d.*	L. V. D.	
Oshere . .	abb.		*n.d.*	L. V. D.	
Osketul. Oskitellus.	} *see* Oscytel.				
Osmundus.	prior.	Westminster.	685–705.	D.	
Osmund .	abb.		*n.d.*	L. V. D.	
Osward. .	— . .	Evesham . .	960—	D.	
——. .	— . .	———— . .	966.	K. 528.*	
——. .	—		970.	K. 1270.	
Osweard .	—		972.	K. 570,* 574.*	
——. .	—		974.	K. 585*, H. p. 50.	
Osuulf . .	—		*n.d.*	L. V. D.	
Oswy . .	— . .	Thorney . .	1031.	D.	
Oswius . .	— . .	———— . .	1032.	K. 748.*	
Oswig . .	— . .	———— . .	*ob.* 1049, 1050.	A. S. Chr.	
Oswyth . .	abbess.	Barking. . .	*n.d.*	D.	

Oththelard, *see* Æthelheard of Malmesbury.

P.

Name	Title	Monastery	Date	Ref.	Obs.
Pœga . .	abb.		12 Oct. 803.	K. 1024.	dioc. Worc.
Patricius, Patritius, Patrick	} — . .	Glastonbury .	433—.	D.	
Patrick . .	— . .	Croyland . .	occ. 793.	D.	
Pehtat . .	—		692.	K. 34.*	
Pendgith .	abbess.		*n.d.*	L. V. D.	
Piot . . .	presb. abb.		814.	K. 207.	
Peot . . .	abb.		816.	K. 209.	
Petrus . . Peter . .	— . — .	{ SS.Peter&Paul Cant., St. Aug. Cant.. . . . }	*c.* 598. —607.	Smith's Beda, *H. E.* D. [i. 33, p. 73.	

ALPHABETICAL LIST OF

Name.	Title.	Monastery.	Date.	Ref.	Obs.
Petronius abb.			{638 / 640}–654.	D.	
Piro	—	Bachannis in Caermarthen	c. 513.	D; T.	
Plegberht	—	[in Mercia]	802.	Had. & St. *Conc.*, iii. 654.	
Purcytel	—		968.	H. p. 16.	? for Thurcytel, q. v.
Pusa	—	Medehamstede	775.	A. S. Chr.	*temp.* Offa, 755-796.
Pusa, al. Puse	—	Peterborough	8 cent.	D.	
Pymma	—		n.d.	L. V. D.	

R.

Name.	Title.	Monastery.	Date.	Ref.	Obs.
Rachtrida	abbess.		ob. 786.	Chr. Mel.	formerly Queen.
Radegund	—	Wilton	871—.	D.	
Raigmaeld	—		n.d.	L. V. D.	
Redbald	abb.		n.d.	L. V. D.	
Redburg (*tres*)	abbess.		n.d.	L. V. D.	
Redgyth	—		n.d.	L. V. D.	
Rethunus	abb.	Abingdon	784–794 or 6.	D.	
Reðhunus	presb. abb.		25 Nov. 814.	K. 201.	
Reðhun	—		814.	K. 207.	
Rethunus	presb. abb.	[Abingdon]	814×816.	Had. & St. *Conc.* iii. 579.	
†———	abb.	Abingdon	815.	K. 208.*	
†Reðun	—	———	959.	K. 1221.	already dead.
†Hrethunus	—	———	993.	K. 684.*	———
Reduulf	—		n.d.	L. V. D.	
———	presb. abb.		n.d.	L. V. D.	
Ricŏryth (*duæ*)	abbess.		n.d.	L. V. D.	
Ricfoleyn	—		n.d.	L. V. D.	
†Richardus	abb.	Gant (*a*).	1044.	K. 771.*	
Ricred	—		n.d.	L. V. D.	

a Ghent. I have retained this, and one or two other foreign names, in order that the list may be complete as an index to the works mentioned at pp. 14, 15.

HEADS OF RELIGIOUS HOUSES. 93

Name.	Title.	Monastery.	Date.	Ref.	Obs.
Hrotuuaris	abbess.		734×737.	K. 82.	
Hroðuuare.	—		774.	K. 124.	
Hro—, see also p. 80.					
Rothulf.	abb.	Abingdon	app.1048,1050.	A. S. Chr.	
Rodolphus, al. Rothulf }	—		{1048, 1050} -1052.	D.	
Roger	—	Pershore	—1074.	D,	
Rothulf, see Rodolphus of Abingdon.					
Ruelendus.	prior	Tinmouth	n.d.	D.	
Ruffinian	abb.	St. Aug. Cant.	618–626.	D.	

S.

Saebercht	abb.		n.d.	L. V. D.	
†Sæðryða	religiosa fœmina.		942.	K. 1142.	
Sneðryð	abbess.		n.d.	L. V. D.	
Saeðryth	—		n.d.	L. V. D.	
Saegyth	—		n.d.	L. V. D.	
Saered	presb. abb.		n.d.	L. V. D,	
Saeuald	—		n.d.	L. V. D.	
Sæwoldus	abb.	Bath	n.d.	Hickes Cat. of A.-Sax. MSS., in Corpus Christi Coll., Oxon., p. 116.	
Sæwold	—		n.d.	K. 1351, art. 7.	
Sampson	—	Bachannis	6th cent.	T.	
Scirburg	abbess.		n.d.	L. V. D.	
Seaxhelm	abb.		23 Mar. 931.	K. 1102.	
———	—		12 Nov. 931.	K. 353.	
———	—		30 Aug. 932.	K. 1107.	
———	—		932.	K. 1108; Hyda, 130.	
Saxulf et Seaxulf.	—	Medehamstede	654, 665–675. ob. 705.	A. S. Chr.	
Saxulfus et Sexuulfus. }	—		{−673, −674, −670}	D.	
Seaxwulf, Saxulfus, al.Sexwlfus }	—	(Peterborough)	app. Bp. Lichfield c. 674.	Le N.	
†Saxulfus	—	———	664.	K. 984.*	
———	—	———	——	K. 984.*	
Saxulf	—	———	——	A. S. Chr.	

ALPHABETICAL LIST OF

Name.	Title.	Monastery.	Date.	Ref.	Obs.
†Saxulf	nuper abb.	(Peterborough)	680.	K. 990.*	
——	abb.	———	app. Bp. Lichfield.	A.S. Chr.	temp.Abp. Theodore (668–690) ?c. 680.
Secggan	bb'.		755×757.	K. 100.	
Segebarus, al. Segegar, see Si—.					
Seliburg	abbess		n.d.	L. V. D.	
Seleburg	abb.		1 Aug. 811.	K. 196.	? abbess.
Seledritha	abbess.	Thanet	793—	D.	
†Selethrytha	—	Linming	804.	K. 188.	
Selredus, see Celredus of Peterborough.					
Sexburg, al.					
Sexburga	abbess.	Shepey	occ. c. 675.	D.	
Sexburga	—	Ely	679–695. ob. 6 Jul. 699.	D.	
———	—	Elge, i. e. Ely.	679.	Smith's Beda, H. E. iv. 19.	
Sexburh	—	Ely	—	A. S. Chr.; Fl. Wig.	
Sexuulfus, see Seaxulf of Peterborough.					
Sibaldus	abb.		ob. 771.	Chr. Mel.	
Sydeman	—	St. Peter's? Exeter	?—977.	D. ii. 514.	
Sideman	—		969.	K. 555.	
Sydeman	—			K. 556.	
Sideman	—		971.	K. 567.*	
———	—		972.	K. 570,* 574.*	
———	—		app.Bp.Exeter 972.	Le N.	
———	—		c. 974.	K. 582.	
———	, —		978.	K. 1275.*	
Siferth	—		968.	H. p. 16.	
Syferð	—		969.	K. 556.	
Siferð	—		970.	K. 563.*	
Sigar	—	Glastonbury	972, ob. 28 Jun. 997.	D. ii. 274.	
Sigegar	—		971.	K. 567.*	
Sigar	—		975.	K. 588.*	
Sigegar	—			K. 590.	
Sigarus, al. Sigegarus	—	———	app.Bp.Wells 975.	Le N.	

HEADS OF RELIGIOUS HOUSES. 95

Name.	Title.	Monastery.	Date.	Ref.	Obs.
Segebarus, *al.*					
Segegar	abb.	Glastonbury	occ. 981.	D.	
Sigbercht	deac. abb.		n.d.	L. V. D.	
Sigeburga, *al.*					
Sigeburtha	abbess.	Thanet . . .	*temp.* Archiep. Cuthberti.	D.	
†Sigeburga	— . .	Minster . . .	759×764.	K. 112.*	
†———	—		761.	K. 106.*	
Sigburg	—		n.d.	L. V. D.	
Sigŏryŏ	—		n.d.	L. V. D.	
Sigŏryth	—		n.d.	L. V. D.	
Sigefridus	abb.	Weremouth	685—*ob.* xi Kal. Sept. 688.	*Fl. Wig.*	
Sigfrid . .	subabbas	———	685–689.	D.; *cf.* Smith's Beda p. 207.	
Sigeric . .	abb.	St. Aug. Cant.	942–956.	D.	
Siricius, *al.*					
Siricus	— . .	———	980–986.	D.	
Sigeric . .	—		975.	K. 590.	
Siric . . .	—		980.	K. 624.	
Siric (*alter*)	—			K. 624.	
Sygeric . .	—		982.	K. 632; P. 5.	
Sigeric . .	—			K. 633.	
Sigric . .	—			K. 1278.	
Sigeric . .	—		983.	K. 636, 638.	
Siric . .	—		983.	K. 639.	
Sigeric . .	—			K. 1279.	
Siric .	—			K. 1280.	
——— . . .	—		984.	K. 1282.	
Syric . . .	—		985.	K. 648.*	
Siric . . .	—			K. 1283.	
Sigiricus	—		n.d.	K. 1132.	
Sigibriht	— . .	Malmesbury	8 cent.	B.	
Sigredus	— . .	Ripon . . .	app. 787.	Chr. Mel.	
———	— . .	——— . . .	787.	D.	
Sigred . .	presb. abb.		n.d.	L. V. D.	
Siguaru	abbess		n.d.	L. V. D.	
Siguini . .	abb.		n.d.	L. V. D.	
——— . .	presb. abb.		n.d.	L. V. D.	
Siguulf . .	———		n.d.	L. V. D.	

Name.	Title.	Monastery.	Date.	Ref.	Obs.
Sihricus, Sihtricius, Sihtricus, Sitricius, Sistricus,*al.* Suetricus	abb.	Tavistock	1050–8 id. Apr. 1082.	D.	
Sihtric	—	—	1046.	K. 1334.	
Sintricus	—		1049.	K. 788.	
Sihtricus	—		1050.	Hickes, *Dissert. Epist.* 17.	
Sichtricus	—		1062.	K. 813.	
Siric, Siricius, *al.* Siricus	} *see* Sigeric of St. Augustine's, Canterbury.				
Simeon, *al.* Simon	prior	Winchester	1065–1080.	D.	
Simon	abb.	Athelney	early 11th cent.	D.	
Sywardus	prior	Westminster	—684.	D.	
Siwardus	abb.	Croyland	early 9 cent.	D.	
Siward	—		800–851.	D.	ruled 62 years.
Siuuardus	—		806.	K. 102.*	brother of Celred, *q.v.*
†Siwardus	—		810.	K. 1026.*	
†Siuuardus	—		25 July 819.	K. 213.*	
†Syuuardus	—		825.	K. 221.*	
†Siuuardus	—		26 May, 833.	K. 233.*	
† ———	—		27 Mar. 851.	K. 265.*	
Siward	—	Abingdon	1030–1044.	D.	
Siuueard	—		1032.	K. 746.	
†Siwardus	—		1033.	K. 751.	
Sigeward	—		1038×1039.	K. 761.*	
Siuuard	—		1042.	K. 762.*	
Siwerd	—			K. 763.	
Siward	—			K. 764.	
Sigwerd	—			K. 1332.	
Siward	—		1043.	K. 916.	
———	—	Abingdon	app. Abp. Canterbury, 104¾.	A. S. Chr.	
Siwerdus	—		1038×1044.	K. 769.	
Siwerdus (*alter*)	—			K. 769.	
Siwcard	—		1044.	K. 773, 774.	

HEADS OF RELIGIOUS HOUSES. 97

Name.	Title.	Monastery.	Date.	Ref.	Obs.
Siwerd	abb.		1045.	K. 776.	
Siweard	—			K. 778; H. p. 30.	
Siuuardus	—			K. 779.	
†Siwardus, *al.*					
†Siward	—	Thorney	n.d.	K. 904.	
Siward, *et* Siwardus	—		app. Bp. Rochester 1058.	A. S. Chr.; *Flor. Wigorn,* etc.	
Siward	—	Abingdon	———	Le N.	
Siwardus	—	Thorney	—1066.	D.	
Spearhafoc	—	Abingdon	app. 1046, 7.	A. S. Chr. (Bp. London, 1048, 50, 51.)	
Spearhafoc, *al.* Sperafoc	—		104⅔–10⅔.	D.	
Spearheafocus	—		"Lund. præsulatum suscepit" 1050,	*Flor. Wig.* "antequam consecratus esset ejectus."	
Spernfocus	—		1050.	K. 793.	
Spearhafoc	—		app. Bp. Rochester 1058.	Le N.	
†Stidberhta	—		767.	K. 116.	
Stigand	—	Bath	*t.* W. Conq.	D.	
Styward	—	Glastonbury	824×942.	D.	
Suetricus, *see* Sihtricus of Tavistock.					
Suidbert	abb.	Dacor	728.	Smith's Beda, *Hist. Eccl.* iv. 32: T.	
Suiðuulf	—		n.d.	L. V. D.	
Suneman	hermit	Hulme	c. 800.	D.	
Sunuthulfus	abb.		ob. 772.	Chr. Mel.	
Sy—. For names commencing thus see Si—,					

T.

Tacbba	abb.		692.	K. 34.*	
Tatae	abbess.		n.d.	L. V. D.	
Tatbercht	presb. abb.		n.d.	L. V. D.	
Tatfrid, *al.* Tetfrith	abb.	Whitby	app. Bp. Worc. c. 680.	Le N.	

o

Name.	Title.	Monastery.	Date.	Ref.	Obs.
Tatsuið	abbess		n.d.	L. V. D.	
Tatuini(duo)	presb. abb.		n.d.	L. V. D.	
Tatuulf.	. abb.		n.d.	L. V. D.	
Tetta	. . abbess	Wimburne .	early 8 cent.	D.	
——	. . —..	————	. . 729×741.	Had. & St., Conc. iii. 342. ? already dead.	
Theodore	. abb.	Croyland	. occ. 868, 870.	D.	
†Theodorus.	—.	————	1 Aug. 868.	K. 297.*	
Theodric	. —		n.d.	L. V. D.	
Theologild, see Feol—,					
Thilherus, see Tilher of Beorclea.					
ðingu	. . abbess		n.d.	L. V. D.	
Thrydwulf.	abb. .	Elmete,co.Ebor.	c. 730.	D.; T.	
Thryduulfus	—..	————		Beda, H. E. ii. 14.	
Thrythred .	presb. abb.		n.d.	L. V. D.	
Thurstan, al.					
Thurstanus abb.		Hulme .	1046—ob. non. Oct. 1064.	D.	
Thurstan	. —..	Ely .	1066-107½.	D. Non. Jul., ob. domnus Thurstanus abbas.—Ancient calendar in Historia Eliensis, Trin. Coll. Cambr. O. 2, 1.	
Thurstan	. —..	Pershore	ob. 1087.	A. S. Chr.	
Tican, al.					
Tictan . .	—.	Glastonbury .	[753]-760.	D.	
†Tidbald . .	—		759.	K. 104.	
——— .	presb. abb.		814.	K. 207.	
Tidberht	abb.		817.	K. 211. ?=Tilberht.	
Tilbercht .	—		n.d.	L. V. D.	
Tyldbrith .	—..	Evesham . .	8 cent.	D. ?=Tilberht.	
Tilberhtus .	—		775.	Hickes, Thes. 171.	
—————	—		777.	K. 131.	
—————	—		778×785.	K. 148.*	
Tilberht .	—		816.	K. 209, 210.	
———— .	—		817.	K. 212.	
Tidberht .	—			K. 211. ?=Tilberht.	
Tidbert . .	—..	St. Aug. Cant..	910-917.	D.	
Tidburg	. abbess		n.d.	L. V. D.	
Tidcuine .	—		n.d.	L. V. D.	
Tidhild . .	—		n.d.	L. V. D.	

Name.	Title.	Monastery.	Date.	Ref.	Obs.
Tilfrith	abb.		n.d.	L. V. D.	
Tilhere	—	Beorclea	—774.	D. vi. 1618.	
Tilher, al. Thilhorus.	—	————	—778.	D.	
Tilhere	—	————	app.Bp.Worc. 778.	Le N.	
Tiluuinus	—		757.	K. 102.*	
Titus	—.	Whitby	c. 867.	D.	
Tininus	—.	St. Alban's	1 Aug. 860.	K. 297.*	
Tondburg	abbess		n.d.	L. V. D.	
Torchtmund	abb.		n.d.	L. V. D.	
Torchtuini	presb. abb.		n.d.	L. V. D.	
Torctus	prior	Ancarig	870.	D.	
Torhthelm	——		825.	K. 220.	
Troda	abb.		778×765.	K. 148.*	
Trumhere	—.	Gilling, near Richmond, co. Ebor.	n.d.	D.; Smith's Beda, Hist. Eccl. iv. 21.	bp. of the Mercians, 659.
Trumhere, Dumhere(a) }	—	Gilling	—c. 659.	Le. N.	
Tumbertus, al. Cumbertus	—	Glastonbury	744 [-753].	D.	
Tunberŏ	—		871×877.	K. 1062.	
Tumbert, al. Turebertus	—		871×878.	K. 310.	
Tunna	—.	Tunnacæstir, ? Tinmouth	c. 679.	Smith's Beda, Hist. Eccl. iv. 22.	
Turketul	—.	Croyland	948-966-975.	D	
†Turketulus	—.	————	966.	K. 520.*	
Purcytel (sic.)	—		968.	H. p. 16.	
Surcytel	—		969.	K. 556.	
Durcytel	—		970.	K. 563.*	
Thurkytelus	—.	Bed(an)ford	occ. 970.	D.	
Thurkytel	—.	Bedford	—971.	A. S. Chr.	
Syrcytel	—		978.	K. 598.*	
Turold	—.	Peterborough	1070-1098.	A. S. Chr	
Tyccean	—		755×757.	K. 100.	

Ty—. For names beginning thus see under Ti—.

a An error of Savile.

ALPHABETICAL LIST OF

Name.	Title.	Monastery.	Date.	Ref.	Obs.

U. V.

Name	Title	Monastery	Date	Ref.
Ualdgith	abbess		n.d.	L. V. D.
Verca	—	Tinmouth, Tiningham	c. 686, 687.	Smith's Beda, pp. 254, 256.
Virgilius	abb.	"Scotorum"	ob. 903.	A. S. Chr.; Chr. Mel.; *Flor. Wig.*, etc.
Ulketul, *see* Wulketul of Croyland.				
Ulsig, *al.* Ulsin	abb.	St. Albans	n.d.	D.
Ulsinus, *al.* Vulsig	—	——	n.d.	D.
Uverfd	—		864.	P. 22. *cf.* Werferð.
Uttel	—		787.	Had. & St. *Conc.*, iii. 470. afterwards bishop of Hereford.
Utel	—		788.	Hickes, *Thes.* i. 172.
——	—		789.	K. 156.
——	—		720.	K. 159.*
Uttan	—	Gateshead	before 653.	D.; T.
†Utta	—	"Ad Capræ Caput," *i.e.* Gateshead	653.	Beda, *Hist. Eccl.* iii. 21; Had. & St. *Conc.* iii. 93.
——	—		n.d.	L. V. D.

W.

Name	Title	Monastery	Date	Ref.
Waldren	—	Glastonbury	8th cent.	D.
Uuecta	—		706.	K. 56; Had.&St.*Conc.* iii. 279.
——	—		——	K. 58.*
Uuedr	—		26 May 704.	K. 50.*
†Wenfleda	relig. fem.		942.	K. 392.
Wenoth, *see* Wern—.				
Werburga (St.)	abbess	Wedon	c. 680.	D.; T.
——————	—	Ely	early 8 cent.	D.
——————	—	Heanburge, co. Stuff.	——	D.

HEADS OF RELIGIOUS HOUSES.

Name.	Title.	Monastery.	Date.	Ref.	Obs.
Werburga (St.) . .	abbess	Tricengham,co. Staff.	early 8 cent.	D.	
—— —— ——	—.	——————	ob. 683.	T.	for 783.
(Queen of the Mercians)	—		ob. 783.	Chr. Mel.	
Uerburg(duæ)—			n.d.	L. V. D.	
Werferŏ .	abb.		854.	K. 1051,* 1053,* 1054*, 1055*.	
Wœrferŏ .	—		——	K. 1052.*	
Werferd .	—		——	K. 1053.*	
Werfærp .	—		——	P. 4.	
Uverfd . .	—		——	P. 22.	
Werfærŏ .	—		856.	K. 1056.*	
Uuerferŏ .	—		860 × 862.	K. 285.	
Werefrid .	— . .	Soham .	c. 870.	T.	
Uuerhard .	presb. abb.		805 × 831.	K. 225.	
Werhard .	—		835.	K. 235.	
Uuerhard .	—		838.	K. 240.	
Wereard .	—		839.	K. 241.	
Werheard .	abb.		852.	K. 267.	
Werhthred	—		—852.	A.S.Chr. cf.Wihtred.	
Wermund .	—		742.	K. 87.	
Ucrnbercht	presb. abb.		n.d.	L. V. D.	
—————	abb.		n.d.	L. V. D.	
Uernŏryth (duæ) . .	abbess		n.d.	L. V. D.	
Uerngyth .	— .		n.d.	L. V. D.	
Wernoŏ .	abb.		6 Aug. 805.	K, 190.	
†Wernothus	—		810.	K. 256.	Had. & St., Conc. iii. 567.
Uuernoth .	presb. abb.		813.	K. 200.	
Wenoth .	—		——	Had.&St.Conc.iii.576.	
Wernod. .	abb. .	St. Aug. Cant. .	823–844.	D.	
Wetred . .	— . .	Reculver . .	783—.	D.	
Hwitrede .	— . .	—————— . .	occ. 784.	D.	
Huuatraed	—		759 × 765.	K. 114.	
†Wctredus .	— . .	—————— . .	784.	K. 1013.	
Uvius . .	— . .	Bury . . .	1020–1044.	D.	
†Uui . . .	— . .	——————	n.d.	K. 868.	

ALPHABETICAL LIST OF

Name.	Title.	Monastery.	Date.	Ref.	Obs.
Wi .	abb.	Bury	n.d.	K. 078.	
†Uui . . .	— . .	—	temp.Edw.Conf.	Hickes, Cat. of Bp. More's MSS.(in Univ. Lib. Camb.).—Regist. Chartarum, No. 9.	
Uicbercht .	presb. abb.		n.d.	L. V. D.	
Uichthaeth	———		n.d.	L. V. D.	
Uictgyth .	abbess		n.d.	L. V. D.	
Uigfrith .	abb.		n.d.	L. V. D.	
Uuimundus	—		May, 792.	K. 161.*	
Wigmund .	—		794.	K. 164.	
Uuigmundus	—		791×796.	K. 166, 167.	
Uuigmund .	—		798.	K. 175.	
Wigmund .	—		799.	K. 1020.	
Uuigmundus	presb. abb.		803.	K. 185.	
Uuigmund .	—		12 Oct. 803.	K. 1024.	
Wigmund .	—		before 805.	K. 191.	
——— .	—		814.	K. 207.	
Wigstan .	abb.		946.	K. 411.	
——— . .	—		949.	K. 424.	
Withburga .	abbess	East Dercham	c. 654–743.	D.	
Uichtburg .	—		n.d.	L. V. D.	
Withelmus .	abb. .	Cernel . . .	—1085.	D.	
Uuihthun .	—		799–802.	K. 116.	
Withman, al. Withmannus	— . .	Ramsey . . .	1016–1020.	D.	
Uichtred .	presb. abb.		n.d.	L. V. D.	
Wihtred .	abb.		816.	K. 209, 210.	cf. We- tred, etc.
——— . .	—		817.	K. 212.	
——— . .	—		30 Sept. 824.	K. 218.	
——— . .	—		825.	K. 219.	
Wiohtred .	—		———	K. 220.	
Uucohtred .	—		836.	K. 237.	
Wichred .	—		c. 840.	K. 243.	
Uuihtred .	—		25 Dec. 841.	K. 247, 248*, 249.	
——— .	—		841.	K. 251.	
——— .	—		848.	K. 261.	
——— .	—		851.	K. 266.*	
Wihtred .	—		852.	K. 267.	
Wihtred .	—		—852.	A. S. Chr.	cf. Werh- tred.

HEADS OF RELIGIOUS HOUSES.

Name.	Title.	Monastery.	Date.	Ref.	Obs.
Uilbercht	presb abb.		n.d.	L. V. D.	
————	abb.		n.d.	L. V. D.	
Uilburg(*duæ*)	abbess.		n.d.	L. V. D.	
Uilcumac (*duæ*)	—		n.d.	L. V. D.	
Uildryð	—		n.d.	L. V. D.	
Uilðryth	—		n.d.	L. V. D.	
Wilferth	abb.		30 Sept. 824.	K. 218.	
Willferð	presb. abb.		825.	K. 220.	
Uilferð	—		n.d.	L. V. D.	
Uuilfius	abb.	Evesham	1 Aug. 868.	K. 297.*	
Wilfric, al. Wilfricus.	—	Ely	1044–1065.	D.	
Wilfrid (St.)	—	Ripon	before 661.	D.; T.	*cf.* Stephanus Heddius for various nomenclature.
†Vilfridus	—		} before July, 664.	{ Beda, *H. E.* iii. 25–6. Had. & St. iii. 100.	
Vilfrid	—				
Wilfred	—	————	app. Bp. York 664.	Le N.	
Uilfrith	presb. abb.		n.d.	L. V. D.	
Wilfrid (St.) al. Wulftruda	abbess	Wilton	occ. 974.	D.	
Uuilgar	abb.		26 May 704.	K. 50.*	
Uilgið	abbess.		n.d.	L. V. D.	
Uilgyth(*duæ*)	—		n.d.	L. V. D.	
Wilheard	presb. abb.		814.	K. 207.	
Wigheard	abb.		816.	K. 209.	
[Wig]lheard	—		——	K. 210. Hickes, *Thes.* i. 174.	
Uuilheard	—		817.	K. 211.	
————	—		851.	K. 266.*	
Wighard, al. Wighardus	—		1006.	K. 715.*	
Wigard	—		n.d.	K. 972.	
Uilhelm	—		n.d.	L. V. D.	
Uuilla	—		775.	Hickes, *Thes.* i. 171.	
————	—		777.	K. 131.	
———— (*duo.*)	—		778×785.	K. 148.*	
Willegod	—	St. Alban's	791–796.	D.	
————	—	————	c. 793.	Had. & St., *Conc.*iii.470.	First abbot.

ALPHABETICAL LIST OF

Name.	Title.	Monastery.	Date.	Ref.	Obs.
Willnoð, see Wulnoð.					
Wilnoða	abbess	[a Kentish monastery]	696×716.	Had.&St.Conc.iii.240.	
Uilred	abb.		n.d.	L. V. D.	
Wilstanus	—		1062×1066.	K. 823.	
Wilstan	—		n.d.	K. 964.	
Uilsuið	abbess.		n.d.	L. V. D.	
Uilsuith	—		n.d.	L. V. D.	
†Wynberch, al.					
Winbert	abb.	[Nursling, in Wessex]	710×716.	Had.&St.Conc.iii.296.	
Winberhtus	—	[————]	735×745.	Ibid., p. 345.	
Uynburg	abbess.		n.d.	L. V. D.	
Uincðryð	—		n.d.	L. V. D.	
Uuintra	abb.	Tisbury	26 May, 704.	K. 50.*	
Wintra	—		710×716.	Had.&St.Conc.iii.296.	
———	—	Tisselbury, co. Wilts	c. 720.	D.; T.	
Uuintra	—		759.	K. 104.	
Winwaldus	—	Beverley	733-751.	D.	
Wisin, see Wulfsin of Worcester.					
Uuitta	—		26 May, 704.	K. 50.* cf. Huu-.	
Wlf—. For names commencing thus, see Wulf—.					
Wlfeht, see Wulfeth of Beverley.				D.	
Wlfius, see Wlsius of Ramsey.				D.	
Wlgarus, see Wulfgar of Abingdon.				D.	
Wlmarus, see Mannius of Evesham.				D.	
Wlnoth, see Wulfuuold of Chertsey.				D.	
———, see Wulnoth of St. Alban's.				D.	
Wymer	abb.		969.	K. 555.*	
Womær	—	Ghent	ob. 981.	A. S. Chr.	
Worgret	—	Glastonbury	601, 605.	D.	
Wulfeth, al. Wlfcht	—	Beverley	751-773.	D.	
Wlfcht	—	———	ob. 773.	Chr. Mel.	
Wulfgar	—	Bath	956, 957.	D.	
†Wulfgarus	—	—	956.	K. 452.	
†[————]	—	[——]	957.	K. 463.	
Wulfgar	—		984.	K. 643.*	
———	—	Abingdon	989-1016.	D.	
———	—	———	990-1016.	A. S. Chr.	

HEADS OF RELIGIOUS HOUSES. 105

Name.	Title.	Monastery.	Date.	Ref.	Obs.
Wulfgar	abb.		990.	K. 672.*	
Uulfgar.	—	Abingdon	993.	K. 684.	
Wulfgar	—			Hyda, 253.	
—	—		994.	K. 687; H. p. 24.	
Wlfgar	—		995.	K. 692.	
Uulfgar	—		996.	K. 696.	
Wulfgar	—	—	997.	K. 698.	
—	—		998.	K. 700.	
Wlfgar	—			K. 701.*	
†Uulfgarus	—	—	999.	K. 703.	
Uulfgar	—	—		K. 703.	
Wulfgar	—		[c. 999.]	K. 704.	
†Wulfgarus	—	—	1000.	K. 1204.	
Uulfgar	—			K. 1204.	
Wulfgar	—		1001.	K. 705.	
Wlfgar	—			K. 706.	
Uulfgar	—		1002.	K. 1295.	
Wlfgar	—			K. 1296.	
Wulfgar	—			MS. Egerton, 2104, f. 16.=Wlfstan, K. 707.	
Wulfgarus	—			K. 1297.	
Wulfgar	—		1003.	K. 1299.	
—	—		1004.	K. 709.*	
Wulfgarus	—			K. 710.	
Wulfgar	—		1005.	K. 714, 1301.	
—	—		1006.	K. 715.*	
Uulfgar	—		1007.	K. 1303.	
Uulgarus	—			K. 1304.	
†Wulfgarus	—	—	1008.	K. 1305.	
Wulfgar	—	—		K. 1305.	
—	—		1012.	K. 719.	
Uulfgarus	—		July 1012.	K. 1307.	
Wulfgar	—		1013.	K. 1308.*	
†Wulfgarus	—	Sherborne	1014.	K. 1309.	
Wulfgar	—	—		K. 1309.	
Uulfgar	—		1015.	K. 1310.	
Wlfgarus	—		1016.	K. 723.*	
† —	—	Abingdon	n.d.	K. 1312.	
†Wlfgeat	—	Burton	1004.	K. 710.	? first abbot.

P

106 ALPHABETICAL LIST OF

Name.	Title.	Monastery.	Date.	Ref.	Obs.
Wulfget, *al.*					
Wulfgetus	abb.	Burton-on-Trent	1004–1026.	D.	
Wlgatus	—.	Peykirk.	1017–1040—.	D.	
Wlgat	—.	Pegeland	—1048.	D.	
———	—.	Croyland	1048–Non. Jun. 1052.	D.	
†Wlfgatus	—.	———	1038×1051.	K. 794.*	
†———	—.	———	1051.	K. 795.*	
Wulgatus	—.	———	—	K. 795.*	
Wulgeat	—		after Eadweard.	K. 897.	
†Wlfgetus	—.	———	n.d.	K. 904.	
†Wlfgete	—.	———	n.d.	K. 904.	
Wlgete	—.	———	n.d.	K. 904.	
Uulfgyth	abbess.		n.d.	L. V. D.	
Uulfhaeth	abb.		n.d.	L. V. D.	
Wolfhard	—.	Adestancester, ? Exeter Cath.	c. 690.	T.	
Wlfard	—.	Evesham	9–10 cent.	D.	
Uulfheard	—		12 Oct. 803.	K. 1024.	dioc. Dunmuc.
———	presb. abb.		n.d.	L. V. D.	
———	deac. abb.		n.d.	L. V. D.	
Wulfhard	presb. abb.		814.	K. 207.	
Uulfardus	abb.	——— —	27 Mar. 851.	K. 265.*	
Uulfhere	—		860×865.	K. 289.*	
Wulfhere	presb. abb.		875.	K. 307.	
Wulfhilda	abbess.	Barking.	temp. R. Eadgari.	D.	
Wlfhildis Wlflith	}—.	———	———	*Fl. Wig.*	
Uulfhild (*duæ*)	abbess.		n.d.	L. V. D.	
Wulfius	abb.	Westminster	966.	K. 520.*	
Wulfinus	—.	———	—	K. 528.*	
Wulketul	—.	Croyland	Feast of St. Mary, 1052–1076.	D.	
Wlflaf	—		Non. Nov. 804.	P. 19.	? for 844, see K. 1048.
Uulflaf	—		835.	K. 236.	
Wlflaf	—		5 Nov. 844.	K. 1048.	
Uulflafus	—		26 Nov. 847.	K. 260.	

HEADS OF RELIGIOUS HOUSES. 107

Name.	Title.	Monastery.	Date.	Ref.	Obs.
Uullaf	abb.	? Malmesbury	850.	K. 203.	
Wllaf	—			P. 21.	
Ulllaf	—	? ——— ———	22 Apr. 854.	K. 271.*	
Wulfflaf	—		——— ———	K. 1050.*	
Wullaf	—		854.	K. 1051,* 1052,* 1053* (bis), 1055,* P. 4.	
Wlflaf	—		———	K. 1054, P. 22.	
Uullaf	—		860×862.	K. 285.	
Wulflaf	—		939.	K. 1121.*	
Wulnoth	—	St. Alban's.	occ. 930.	D.	ruled 11 years.
Willnoð	—		1002.	K. 707.=Ægelnod in MS. Egerton 2104, f. 16.	
Wulnoð(bis)	—		1023.	K. 737.	
Wulfnoðus.	—	Westminster	1032.	K. 748.*	
Wulfnoð	—		1044.	K. 773.	
†Wlnothus	—	——— ———	1045.	K. 779.*	
Wulnoð	—	——— ———	n.d.	K. 1327.	
Wulnoth	—	——— ———	—1049.	D.	
Wulfnoth	—	——— ———	ob. 10⁴⁸⁄₄₉.	A. S. Chr.	
Wlfreda	abbess.	Wilton	late 10 cent.	D.	
Wlfredus	abb.	Malmesbury	8 cent.	B.	
Wlfredus	—		1020×1023.	K. 736.*	
Wolfric	hermit.	Hulme	10 cent.	D.	
†Wulfric	abb.	St. Aug. Cant.	c. 949.	K. 429.	
Wulfric Elmer	—	——— ———	989–1006.	D.	
Wulfric	—	——— ———	993.	K. 684.*	
———	—	——— ———	997.	K. 698.	
———	—		1002.	K. 707.	
†———	—	——— ———	n.d.	K. 847.	
†———	—	Ely	n.d.	K. 885. 14 Kal. Aug., ob. frater noster Wlfricus abbas.—Anct. Calend. in Hist. Elien., Trin. Coll. Cambr., MS. O. 2. 1.	
†———	—		n.d.	K. 929.	
Uulfric	—		1002.	K. 1295.	
Wulricus	—		———	K. 1297.	

Name.	Title.	Monastery.	Date.	Ref.	Obs.
Wulfricus	abb.		1004.	K. 710.	
Wulfric	—		1005.	K. 714.	
———, al.					
Wulfricus	—		1006.	K. 715.*	
Wulfric	—	St. Aug. Cant.	1044.	K. 773.	?=Wolfrið, q.v.
———	—	———	1038×1050.	K. 789.	
———	—	———	26 Dec. 104⁴⁄₈ —14 Kal. Apr. 1061.	A.S.Chr.	originally app. because of Abbot Ælfstane's sickness.
———	—	———	1047–1059.	D.	
Uulfricus	—		1061.	K. 810.*	
Wllfricus	—		1062.	K. 813.	
Wlfric	—		1065.	K. 817.	
Wulfric	—			P. 24.	
†Wulfricus	—		1066.	K. 824.*	
Wolfrið	—	St. Aug. Cant.	1044.	K. 773.	?=Wulfric, q.v.
Wulfruna	relig. fœm.	Wolverhampton	996.	D.	
Vulsig, see Ulsinus of St. Alban's.					
Wlsi	abb.		temp.Dunstani	K. 858.	
Wulfsi	—	Portesige	n.d.	K. 1327.	
Uulfsig(duo)	presb. abb.		n.d.	L. V. D.	
———	abb.		n.d.	L. V. D.	
Wisin	—	Worcester,	app. 969.	Chr. Mel.	?=Wulfsin.
Wulfsige	—		988.	K. 664.	
———	—	Westminster	993.	K. 684.*	
Ulfsige	—			Hyda, 253.	
Wulsinus	—	———	9⁵⁸⁄₈₆; bef. 970; ob. 1004.	D.	
Wlsius	—	Ramsey	1008–1016?	D.	
Wulfsige	—	———	ob. 1016.	A. S. Chr.	
Wulfsie	—		n.d.	K. 712.	
Wulfsige	—		n.d.	K. 713.	
———	—		1042.	K. 762, 764.*	
———	—		1045.	K. 777.	
Wulfsie	—			K. 778; H. p. 30.	

HEADS OF RELIGIOUS HOUSES. 109

Name.	Title.	Monastery.	Date.	Ref.	Obs.
Wulsin.	abb.	Malmesbury.	11 cent.	D.; W.	
Wlsinus	— . .	——— .	———	Will. Malm., G. P., Ed. Hamilton.	
Wulfsinus.	— . .	——— .	———	B.	
Wulfsig	prior.	Winchester	—1065.	D.	
Wlfstan	abb.		1002.	K. 707.=Wulfgar, MS. Egerton, 2104, f. 16.	
Wlstan.	. —		app. Bp. Worc. and Abp. York, 1002.	Le N.	
Wlstan.	. — . .	St.Peter'sGlouc,	1058–1072.	D.	
Wlstanus.	— . .	———————	after 1058–1062.	Fl. Wig. app. Bp. Worc. 1062, ob. 1095.	
Wulfswyða	abbess.		939.	K. 1120. (cf. K. 378, †Wulfswyþa, ancilla xp'i.)	
†Wulfðryð.	—		974.	K. 585.*	
Wulfðryþa.	abb[ess]		ob.xi.Kal.Oct.	MS. Cott. Titus D. xxvii, f. 7 b.	SaxonCalendar.
Wulftruda, see Wilfrid of Wilton.					
Vlward	. . abb.	. Bath . . .	10 or 11 cent.	D.	
†Wulfwerdus	—		1038×1044.	K. 769.	
———	—		———	K. 769.	
Wulfweard	—		1045.	K. 778; H. p. 30.	
Wulfuuardus	—		1050.	K. 792.	
Wlfwardus	—			K. 793.	
Wulfwardus	—		1054.	K. 800.	
Wulwina	. abbess.	Werham .	966.	K. 528.*	
Wulfwin	— . .	——— . .	ob. 982.	A. S. Chr.	
Wuluoldus	abb.	. Certesige . .	1044.	K. 771.*	
Wulfwoldus	—		1061.	K. 810.	
†Wlfwoldus	—			K. 811.	
†Wluuoldus	— . .	Ciroteseg . .	1062.	K. 812.	
Wulfwold	. —		temp. Edw. Conf.	Birch, Seals of Edw. Conf., Trans. Roy. Soc. Lit., 1871.	
Wulfwoldus	—		1066.	K. 824.	

HEADS OF RELIGIOUS HOUSES.

Name.	Title.	Monastery.	Date.	Ref.	Obs.
Wlfwoldus	—		—	K. 825.	
†Wluuold	—	Chertsey	*n.d.*	K. 844, 849.	
†Wulfuuold	—	———	*n.d.*	K. 856.	
Wulfuuold, *al.* Wluuolde	—	———	occ.1066,1084.	D.	
Wulfwold	—	———	*ob.* 1084.	A. S. Chr.	
Wyefferd	—		22 Apr. 854.	K. 1050.*	?=Wilfred.
Wymer	—		969.	K. 555.*	*cf.* Womær.
Wynhere	—		19 Nov. 845.	K. 259.	
Wynherus	—	St. Aug. Cant.	864–866.	D.	

Y.

Ythsuið	abbess.		*n.d.*	L. V. D.	

ADDENDA ET ERRATA.

Name.	Title.	Monastery.	Date.	Ref.	Obs.
Ædilberg	abbess.	Brigense	bef. 640.	Beda, *H. E.* iii. 8.	
Ægeluui	presb. abb.		*n.d.*	L. V. D.	
Aeldryð	abbess.		*n.d.*	L. V. D.	
Ælfred	abb.		*n.d.*	L. V. D.	
Ælfwald	—		*n.d.*	L. V. D.	
Aelfuulf	—		*n.d.*	L. V. D.	
Aescburga	abbess.		737.	K. 1002.*	
Asker	prior.	Croyland	*ob.* 870.	D.	
Eðilbald	abb.		*n.d.*	L. V. D.	
Ethilbald	—		*n.d.*	L. V. D.	
Huitae	abbess.		*n.d.*	L. V. D.	

p. 31, l. 16, for —— read *n.d.*

INDEX.

Abbotsbury, 10.
Abingdon, 5, 13, 21, 24, 29, 36, 40–43, 57, 58, 59, 66, 67, 71, 75, 77, 80, 88–90, 92, 96, 97, 104, 105.
Acumanense mon., 30.
Adestancester, 6, 106.
Ad Tueoneam, 7.
Æt Barwe, 3.
Amesbury, 2, 13, 45.
Ancarig or Thorney, 4, 13, 36, 42, 74, 75, 82–85, 88, 91, 97, 99.
Assendune, 13.
Athelney, 8, 13, 21, 36, 38, 40, 81, 96.
Axminster, 9.

Bachannis, 2, 92, 93.
Banchor, 2.
Bancornaburgh, 1, 57, 62.
Bangor, 1, 2, 62.
Banwell, 8, 46.
Bardney, 6, 36, 61.
Bardsey, 2, 82.
Barking, 5, 12, 17, 31, 59, 79, 91, 106.
Barrowe, 3.
Bath, 5, 9, 12, 17, 18, 24, 25, 27, 30, 31, 50, 74, 93, 97, 104, 109.
Beccanford, 1.
Bedanford, 4, 99.
Bedenham, 5.
Bedford, 4, 11, 99.
Bedingham, 8.
Berecingum, *see* Barking.
Berkley, 8, 31, 34, 56, 98, 99.
Beverley, 6, 49, 50, 53, 104.
Bitumœum, 7.
Blockley, 8.
Bodmin, 9.
Boseham, 6, 62.
Boxwell, 8.
Bradanfield, 6.
Bradford, 7.
Bredon, 6, 7, 69.
Bricclesworth, 6.
Brige (Faremoustier-en-Brie), 3, 72, 110.

Brimesburgh, 9.
Bruton, 10.
Bucfœsten, 27.
Burgh, *see* Peterborough.
Burton, 10, 83, 85, 105, 106.
Burgh Castle, 3, 74.
Bury, 3, 13, 46, 47, 84, 85, 101.

Caistor, 3, 60.
Canterbury, St. Aug., 2, 12, 16, 18–20, 24–26, 34, 36, 41, 43, 45, 47, 49, 50, 56, 58–60, 62, 65, 72, 76, 81, 82, 86, 88, 91, 92, 95, 96, 98, 101, 107, 110.
————, Ch. Ch., 2, 12, 19, 21, 22, 27, 34, 36, 40, 56, 57, 75, 87.
———— ————, dioc., 72.
———— ————, St. Mildred's, 3, 26, 45, 84.
Carlisle, 6.
Cernel, 10, 13, 21, 22, 85, 102.
Chateriz, 10.
Cheltenham, 8.
Chertsey, 4, 12, 23, 47, 72, 80, 85, 86, 88, 104, 109, 110.
Chester, 4, 6, 8.
Chester-le-Street, 8.
Chich, 4.
Cholsey, 10, 74.
Cirencester, 11.
Civitas Victoriæ, 47.
Clive, 8.
Clywd Valley, 3.
Cnobbersburgh, 3, 74.
Congresbury, 7.
Coccham, 10, 61.
Coldingham, 5, 16, 17.
Coquet, 6.
Coventry, 10, 13, 83, 85, 89.
Cowwaforde, 25.
Cranbourne, 10.
Crantoc, 10.
Crawley, 10.
Crayke, 6.
Crediton, 9.

Croyland, 7, 13, 36, 52, 55, 75, 83, 89, 91, 96, 98-100, 106, 110.
Cyniburgense mon., 60.

Dacor, 4, 97.
Daeglesford, 7.
Dartmouth, 11.
Deane, 11.
Dera uuda, 49.
Deerhurst, 7.
Dorchester, 3.
Dormanchester, 3, 60.
Dover, 3.
Dublin, 9, 87.
Dunwich, 3.
―――, dioc., 86, 106.
Durham, 10, 65.

East Dereham, 3, 5, 102.
Eastry, 5, 72.
Ebbchester, 4, 16.
Elflcet, 5.
Ellandune, see Wilton.
Elmete, 7, 98.
Elmham, 5.
Elsetley, 11.
Ely, 5, 22, 36, 52, 70, 72, 83-85, 94, 98, 100, 103, 107, 108.
Evesham, 7, 13, 17, 19, 21, 24, 30, 31, 34, 38-40, 43, 44, 51, 57, 59, 61, 64, 66, 71, 73, 75, 86, 87, 91, 98, 103, 104, 106.
Exeter, 6, 8, 9, 51, 82, 94, 106.
Eynesbury, 9.
Eynsham, 10, 16.

Farne, 4, 30, 42, 59, 72, 88.
Ferring, 7.
Fladbury, 6, 31.
Folkestone, 3, 33, 69, 74.
Font', 85.
Froome, 7.

Galmanho, 11.
Gateshead, 4, 100.
Ghent, 92, 104.
Gilling, 4, 99.
Glamorgan, 1.
Glastonbury, 1, 13, 19, 22, 25, 34-39, 42, 43, 45-49, 51, 53, 54, 56, 58, 60, 63, 71, 76-78, 81, 82, 87, 91, 94, 95, 97-100, 104.
Gloucester see, 1.
―――, St. Peter's, 5, 13, 56, 60, 64, 66, 72, 74, 109.
―――, St. Oswald's, 4, 9.

Hackness, 5, 74.

Hadleigh, 11.
Hambury, 8.
Hamtune, 10, 108.
Handbury, 5, 100.
Hartland, 11.
Hartlepoole, 3, 79.
Helenstow, 6, 57.
Helmham, 5.
Hereford, 5, 10.
―――, dioc., 59.
Heruteu, 4, 79.
Hexham, 5.
Hludense mon., 4, 33, 36.
Hoe, 6.
Holyhead, 1.
Horningsey, 8.
Horton, 9.
Hreopandune, 4, 26, 64.
Hulme, 8, 24, 42, 97, 98, 107.
Huntingdon, 9.
Hyde, see Newminster.

Jarrow, 6, 56, 80.
Icanhoc, 2, 51.
Insula Sanctorum, 2, 82.
Ithancester, 3.

Kemesey, 8, 47.
Kent (uncertain), 37, 42, 72, 79, 81, 87, 88, 104.
Kidderminster, 7.
Kinley, 11.

Lanachebran, 11.
Lastingham, 3, 55.
Leicester, 11.
―――, dioc., 48, 68, 73.
Lewesham, 8.
Lichfield, 4.
―――, dioc., 81.
Liming, 3, 31, 33, 59, 63, 64, 94.
Lincoln, 3, 11, 12.
Lindisfarne, 3, 70, 76, 78.
Lindissi provincia, 80.
Llanbadarnfaur, 2.
Llancarvan, 1.
Llandaff, 2.
Llanwet, 2.
London, St. Martin's, 6.
―――, St. Paul's, 12.
―――, dioc., 77.
Ludense mon., 4, 33, 36.

Magnusfield, 11.
Malling, 6.
Malmesbury, 2, 13, 16, 20, 27, 28, 33, 34, 37, 39, 42, 44, 48, 51, 53, 54,

INDEX. 113

59 62, 65, 66, 71, 73, 79, 86, 87, 91, 95, 107; 109.
Malvern. 10, 29.
Man, 1.
Marshfield, 11.
Mauritanea, 2.
Medeshamstede, see Peterborough.
Melros, 40, 50, 70.
Mendham, 9.
Menevia, 1.
Merciorum abb., 62, 92.
Mersea, 10.
Michelney, 9, 82, 86.
Middleton, 9, 13, 18, 36, 43, 60, 61, 71.
Minster, see Thanet.
Mount St. Michael's, 11.

Newington, 11.
Newminster, 8, 22, 23, 27-29, 32, 34-36, 52, 54, 71, 76.
Northumbrian, 73.
Nursling, 7, 104.

Oxenford, 11.
Oxford, 7, 73.
——— Univ., 8.
Oundle, 7, 57.

Padstow, 2.
Partenay, 3, 45, 62.
Pegeland, 106.
Pershore, 6, 22, 51, 73, 74, 92, 98.
Peterborough, 4, 12, 22-24, 36, 45, 47, 48, 50, 51, 55-58, 67-69, 70, 77, 78, 83-85, 92-94, 99.
Peykirk, 7, 106.
Pilton, 9.
Pollesworth, 8, 64.
Portesige, 108.
Presteby, see Whitby.

Ramsbury, 9.
Rumsey, Pembr., 1.
———, Hunt., 9, 27, 29, 36, 39, 65, 71, 74, 102, 104, 108.
Reading, 9.
Readingham, 8.
Reculver, 4, 33, 47, 53, 62, 64, 77, 80, 101.
Redbridge, 5, 60.
Repingas, 6.
Repingdon, }
Repton, } 4, 29, 64.
Ripadii, 45, 89.
Ripon, 4, 43, 50, 70, 95, 103.
Risborough, 10.
Rochester, 2, 12.
Rumburgh, 50.

Rumsey, 9, 13, 30, 87.
Runcorn, 9.

St. Alban's, 7, 13, 20, 21, 64, 65, 67, 82-84, 99, 100, 103, 104, 107, 108.
St. Asaph's, 2.
St. Bee's, 3.
St. Burian's, 9, 55.
St. David's, 1.
St. German's, 2, 9.
St. Ivo's, 10.
St. Neot's, 8, 9.
St. Paternus, 2.
St. Peter's, 81.
St. Pieran's, 11.
St. Probus, 11.
Salisbury, 9.
Sapalanda, 11.
Scotorum abb., 100.
Selsey, 5, 47, 63, 64.
——— dioc., 57.
Shaftesbury, 8, 13, 17, 26, 43, 78, 79, 85.
Shepey, 5, 72, 94.
Sherbourne, 5, 105.
——— dioc., 49, 64, 87.
Shrewsbury, 8, 11.
Soham, 3, 101.
Southmynstre, 6.
Southwell, 3.
Spalding, 11.
Stamford, 4.
Stayning, 10.
Stoke, 9.
Stone, 4.
Stowe, 10, 13.
Stow-on-the-Would, 10.
Stratford, 7.
Streneshalch, see Whitby.
Streneshall, 8, 18, 87.
Sudbury, 9.
Sunning, 9.
Syddensis dioc., 62, 65.

Tamworth, 9, 64.
Tavistock, 9, 19, 67, 86, 95.
Tetbury, 5.
Tewkesbury, 7.
Thanet, 4, 33, 62, 64, 84, 87, 94, 95.
Thetford, 10.
Thorney, see Ancarig.
Tinmouth, }
Tiningham, } 2, 78, 92, 100.
Tisselbury, 7, 71, 104.
Tricengham, 6, 101.
Tunnacœstir, 99.
Twinham, 11.

Upminster, 6.

INDEX.

Vallis Rosina, 2.
Vegnalech, 4.
Vetadun, 6, 79.
Victoriæ civitas, 47.

Walsingham, 11.
Waltham, 11.
Wareham, 8, 109.
Warwick, 10.
Watton, 6, 79.
Wedon, 5, 100.
Wells, 7, 68.
Wendesclive, 8.
Wenlock, 5, 87.
Weremouth, 5, 47, 56, 57, 69, 70, 80, 95.
Wermundesey, 6, 77.
Westbury, 8.
Westminster, 2, 12, 20, 22, 26, 31, 34, 45, 53, 57, 65–67, 74, 88, 89, 91, 96, 106–108.
Wherwell, 10, 77.
Whitby, 4, 18, 19, 77, 79, 97, 99.

Wilton, 7, 13, 17, 51, 64, 92, 103, 107, 109.
Wimbourne, 7, 13, 45, 58, 59, 98.
Winchelcombe, 8, 30, 65, 67, 74–76, 85.
Winchester, 1, 9.
———— cath., 3, 12, 21, 33, 52, 54, 96, 109.
———— dioc., 59, 86, 87.
———— St. Brinstan's, 9.
———— St. Mary's, 9, 13, 29, 37, 45, 47, 64.
Wind', 42.
Withington, 31.
Woccingas, 6, 77.
Wolverhampton, 10, 108.
Womalet, 44.
Woodchester, 11.
Worcester, 6, 12, 31, 59, 77, 104, 108.
———— dioc., 47, 62, 73, 81.

York, 3, 12, 45.

THE END.

PRINTED BY TAYLOR AND CO.,
LITTLE QUEEN STREET, LINCOLN'S INN FIELDS.

www.ingramcontent.com/pod-product-compliance
Lightning Source LLC
Chambersburg PA
CBHW022142160426
43197CB00009B/1392